2021年版

億超えを可能にする

株の稼ぎ技 短期売買222

standards

はじめに　1日で利益を生み出せる短期売買

株式投資の短期売買で資産形成をしたい

1日のなかで取引を終了させるデイトレードや、数日持ち越すスイングトレードなど、短期スパンの投資方法は長期投資と比較して取引回数が増えるため、効率よく利益を重ねていけるのがメリットです。また、仮に失敗したとしても、1回の取引の額は少ないため、大きな痛手になりづらく成績が安定しやすい投資でもあります。

しかし、それゆえに画面の向こう側のトレーダーも死に物狂いで利益を狙ってきますし、十分に市場の傾向を研究したり、手法の精度を上げて臨まないと、ひとつのミスによってメンタルが崩れ、立て続けに損失してしまうような事態につながりかねません。

本書では、読者がより安定して勝てるようにアナリストからの寄稿や、個人投資家への取材を通じて、実際に彼らが使っている短期売買に関するテクニックを222個掲載しています。

現在、新型コロナウイルスの流行による各国の金融緩和政策の影響で、バブル相場が続いています。今回の改訂では、そんな独特な相場で有効な売買判断法や、相場の急変に対応できる勝つためのメンタル維持法など「時代に合わせた新テクニック」を収録しました。

もちろん、通して読んでもらい、それぞれのテクニックを身につけるのもひとつの手ですが、各テクニック一つひとつが独立しているので、パラパラと読んでみて、気に入ったものから試していくという使い方も可能です。短期投資で資産を築いていく過程で、少しでも本書が役に立つことできれば幸いです。

『株の稼ぎ技　短期売買222』編集部

著者・監修者プロフィール

V_VROOM

★ダミー★グローバルリンクアドバイザーズ株式会社所属アナリスト。投資顧問会社にて企業リサーチを担当。業界・相場動向を踏まえたファンダメンタル分析を得意とする。

立野新治

★ダミー★グローバルリンクアドバイザーズ株式会社所属アナリスト。投資顧問会社にて企業リサーチを担当。業界・相場動向を踏まえたファンダメンタル分析を得意とする。

叶内文子

証券アナリスト資格をもつフリーキャスター。ラジオNIKKEIの「マーケット・プレス」、「和島英樹の週末株！」などに出演中。「日経マネー」などのマネー誌執筆も行う。

藤本誠之

「まいど！」のあいさつと、独特の語り口でおなじみ。個人投資家に真の成長企業を紹介している証券アナリスト。財産ネット株式会社の企業調査部長。

伊藤亮太

学生の間にCFP資格、DCアドバイザー資格を取得。その後、証券会社の営業・経営企画部門、社長秘書等（その間に投資信託や株式の販売、セミナー企画、投資顧問会社の設立など）を行う。

JACK

IPO（新規公開株）を中心に2億円近くまでの資産を稼ぐ。

小池麻千子

グローバルリンクアドバイザーズ（株）所属アナリスト。業界・相場動向を踏まえたファンダメンタル分析を得意とする。

戸松信博

グローバルリンクアドバイザーズ（株）代表。鋭い市場分析に定評がある。

本書の読み方

本書は個人投資家やアナリストが行っている判断方法や知識、相場の動きをテクニックとして分野に分けて掲載しています。
各テクニックには時折「期間限定」「信頼度高」「リスク大」の３つのアイコンを掲載しています。年間のうち特定の時期のみ有効なテクニックには「期間限定」。よく使われるテクニックで特に信頼できるものには「信頼度高」。一方で使えるテクニックではありつつも損失リスクがあるものには「リスク大」。
また、売買手法別に「スキャル」「デイ」「スイング」の3種類に分類しております。

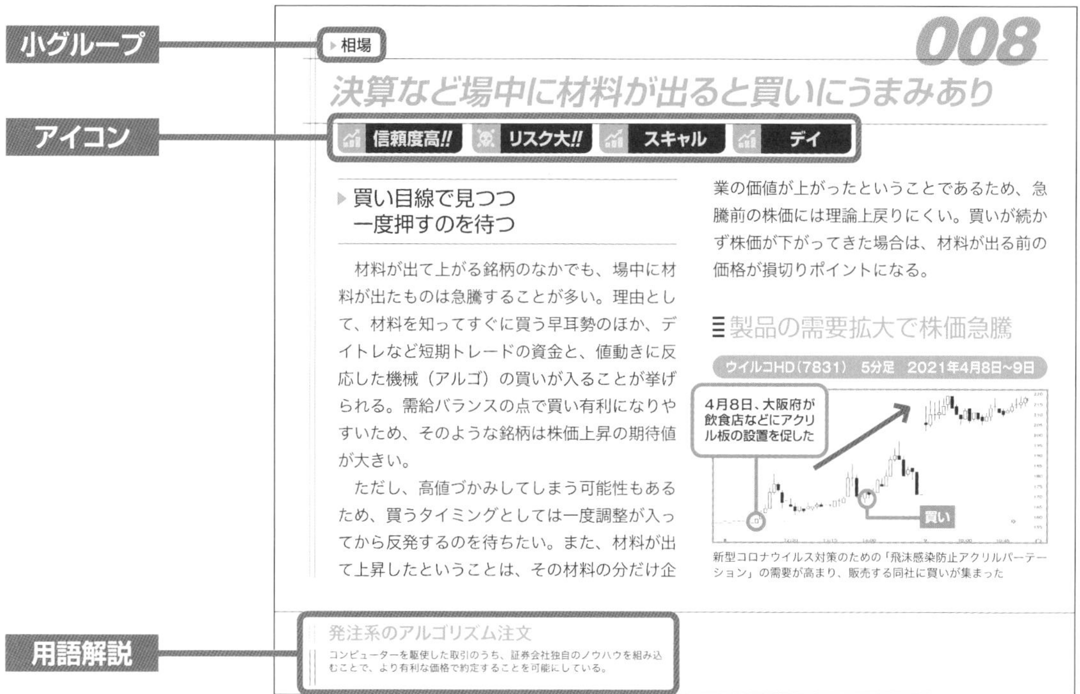

相場

008

決算など場中に材料が出ると買いにうまみあり

信頼度高!! リスク大!! スキャル デイ

買い目線で見つつ
一度押すのを待つ

材料が出て上がる銘柄のなかでも、場中に材料が出たものは急騰することが多い。理由として、材料を知ってすぐに買う早耳勢のほか、デイトレなど短期トレードの資金と、値動きに反応した機械（アルゴ）の買いが入ることが挙げられる。需給バランスの点で買い有利になりやすいため、そのような銘柄は株価上昇の期待値が大きい。

ただし、高値づかみしてしまう可能性もあるため、買うタイミングとしては一度調整が入ってから反発するのを待ちたい。また、材料が出て上昇したということは、その材料の分だけ企業の価値が上がったということであるため、急騰前の株価には理論上戻りにくい。買いが続かず株価が下がってきた場合は、材料が出る前の価格が損切りポイントになる。

製品の需要拡大で株価急騰

ウイルコHD（7831） 5分足 2021年4月8日～9日

4月8日、大阪府が飲食店などにアクリル板の設置を促した

買い

新型コロナウイルス対策のための「飛沫感染防止アクリルパーテーション」の需要が高まり、販売する同社に買いが集まった

発注系のアルゴリズム注文

コンピューターを駆使した取引のうち、証券会社独自のノウハウを組み込むことで、より有利な価格で約定することを可能にしている。

2021年版

億超えを可能にする

株の稼ぎ技 短期売買222

contents

Section.1 相場・外部要因

Section.2 投資家の経験

contents

Section.3 チャート・テクニカル

contents

Section.4 制度・情報収集

Section.5 投資家の考え方

contents

Section.1

相場・外部要因

相場はさまざまな人々の思惑で動いている。銘柄ひとつとっても例外ではない。
ここでは相場や外部環境に起因する動きから見方・読み方の情報をまとめた。

▶外部要因

001 前週の外国人投資家の売買動向を知る

信頼度高!! **デイ** **スイング**

▶外国人の売買動向を踏まえ 売り越しどきは買いを控える

取引の前に注目するとよいのが外国人の動向だ。国内の株式市場は外国人投資家がメインプレーヤーである。当然、外国人投資家の影響力は株価を左右させるほど大きい。そのため、ポジションを取る前にまずは外国人が売っているのか買っているのかを確認する必要がある。

前週の売買動向（毎週木曜日に発表）を確認し、もし売り越しているようであれば買いポジションを控えるのがおすすめだ。

例えば2021年は、3月1週目から3週目にかけて買い越しであったが、4週目から5週目にかけて売り越しとなった。その動向を反映するかのように日経平均株価が上下しているのだ。

外国人の売買動向を調べる

投資部門別 株式売買状況 東証第一部［株数］全 50 社
Trading Volume of TSE 1st Section Stocks by Investor Type – All 50 trading participants

2021年3月第5週 2021/3 week5（3/29 ~ 4/2）

千株,% 1,000 shs., %

東証第一部総売買高
(売り買い合計)
Total trading volume

東証第一部総売買高 (売り買い合計) Total trading volume
14,844,268

総売買高に占める合計及び自己・委託別比率
Ratio of proprietary brokerage trading

総計 Total	自己取引 Proprietary	委託取引 Brokerage
98.5%	13.6%	85.0%

			03/22～03/26			03/29～04/02		
			株数 Shares	比率 Ratio	差引き Balance	株数 Shares	比率 Ratio	差引き Balance
自己計 Proprietary	売り	Sales	783,130	10.3		986,533	13.5	
	買い	Purchases	1,031,338	13.5	248,208	1,026,140	14.0	39,607
	合計	Total	1,814,468	11.9		2,012,673	13.8	
委託計 Brokerage	売り	Sales	6,823,296	89.7	-233,517	6,331,130	86.5	-48,658
	買い	Purchases	6,589,779	86.5		6,282,472	86.0	
	合計	Total	13,413,075	88.1		12,613,602	86.2	
総計 Total	売り	Sales	7,606,426	100.0		7,317,663	100.0	-9,051
	買い	Purchases	7,621,117	100.0	14,691	7,308,612	100.0	
	合計	Total	15,227,543	100.0		14,626,275	100.0	

委託内訳 Brokerage Trading

			株数 Shares	比率 Ratio	差引き Balance	株数 Shares	比率 Ratio	差引き Balance
法人 Institutions	売り	Sales	592,566	8.7	-247,099	455,574	7.2	-106,435
	買い	Purchases	345,467	5.2		349,139	5.6	
	合計	Total	938,033	7.0		804,713	6.4	
個人 Individuals	売り	Sales	1,715,374	25.1		1,676,588	26.5	
	買い	Purchases	1,882,525	28.6	167,151	1,800,569	28.7	123,981
	合計	Total	3,597,899	26.8		3,477,157	27.6	
海外投資家 Foreigners	売り	Sales	4,449,959	65.2	-165,151	4,128,908	65.2	-65,302
	買い	Purchases	4,284,808	65.0		4,063,606	64.7	
	合計	Total	8,734,767	65.1		8,192,514	64.9	
証券会社 Securities Cos.	売り	Sales	65,397	1.0		70,060	1.1	-902
	買い	Purchases	76,979	1.2	11,582	69,158	1.1	
	合計	Total	142,376	1.1		139,218	1.1	

外国人の動向は東証が公開している株式週間売買状況（http://www.jpx.co.jp/markets/statistics-equities/investor-type/）を見ることで、確認できる

1
2
3
4
5

▶外部要因

002 コロナ禍での行動制限の発表に注目

期間限定

▶買われた銘柄を挙げて 上昇しそうなら飛び乗る

新型コロナウイルス感染症の拡大は相場の重荷となる。特に休業要請などは商業施設に直接打撃を与えるため、関連銘柄は大きく動く。

例えば、2021年4月25日に3回目の緊急事態宣言が発令された際に大きなダメージを受けると考えられた銘柄のひとつが百貨店の三越伊勢丹HD（3099）だ。三越伊勢丹HDは20日に大きく売られ、翌21日も安く始まるが、これを底にリバウンドしている。このような銘柄は、すでに業績悪化を懸念して信用売り残がたまっていることが多い。また、日証金ベースで信用の回転日数が短い銘柄であり、短期でよく売買される銘柄といえる。

つまり、信用売り残が多く、買い戻されやすい銘柄などにリバウンドの可能性が高いのだ。

新型コロナ対策で相場が動く

三越伊勢丹HD（3099） 日足 2021年4月～5月

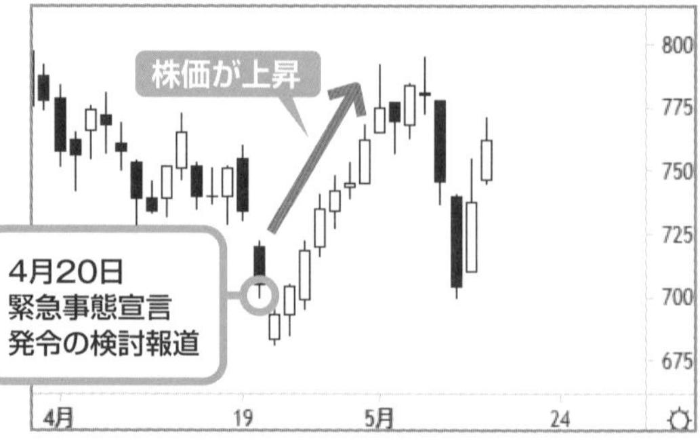

003 アメリカの値動きを見て売買方針を決める

デイ　スイング

▶前日のアメリカの値動きを毎朝チェックする

日本株とアメリカ市場と相関性に注目してみよう。国内市場はアメリカ(NY市場）との相関性が高く、その影響を受けやすい。相関性が高い理由としては、国内市場における外国人投資家の影響力が大きいことが挙げられる。

また、日米の市場は空いている時間が真逆であるため、連続性も生まれる。例えば、NYダウが上がって終われば、その流れを引き継いで翌朝の日経平均もギャップアップ（GU）することが多い。

逆にアメリカが下がった場合はギャップダウン（GD）して始まりやすい。そのような流れを意識して、前日のNYの値動きを毎朝確認することが大事である。

アメリカの値動きが悪かった場合は、国内市場の地合いも悪くなるだろうと想定し、例えばデイトレなら買いを減らしたり、スイングなら一部ポジションを手じまいするといった対策を考える。

NYダウと日経平均の連動性

NYダウ　日足　2021年1月~3月

一概に完全な相関関係とはいえないが、日米両国の経済的な結びつきが強いため、比較的連続性が発生しやすい。トレードの前にNYダウをチェックするなど習慣づけたい

NYダウの陰線を受けて、翌日GDするなど、連続性が確認できる

日経平均　日足　2021年1月~3月

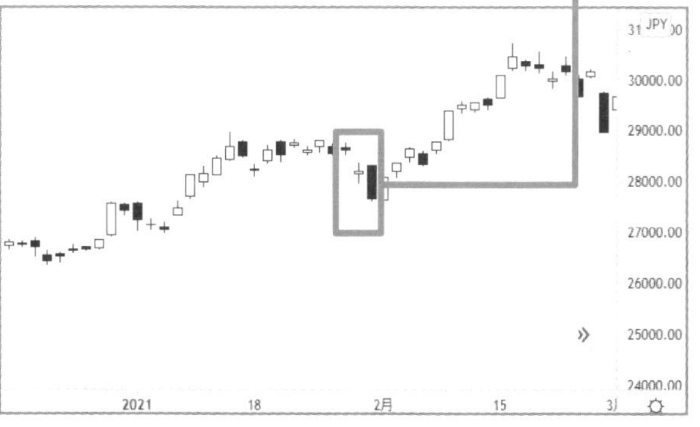

ギャップアップ（GU）
前日の引けの終値よりも、翌日寄り付きの始値が高くなること。「上に窓を開ける」ともいわれる。

ギャップダウン（GD）
前日の引けの終値よりも、翌日寄り付きの始値が低くなること。「下に窓を開ける」ともいわれる。

▶外部要因

004 特需製品から急騰銘柄を見つける

期間限定

コロナ禍の影響を受けず右肩上がりに成長を続ける

2021年1月、同年上半期に予定されていた新500円硬貨の発行について、その延期が発表された。コロナ禍の影響でATMや自動販売機などの改修作業に遅れが出ていることが理由とされているが、遅くとも2022年中には発行されることが予想される。

新硬貨の流通が決まると、ATMや自動販売機などの硬貨に関連する銘柄が株価を伸ばす。実際に自動販売機を製造する富士電機（6504）や芝浦メカトロニクス（6590）はコロナ禍のほとんど影響を受けず右肩上がりとなっている。

また、2024年には、新紙幣も発行される。ここでも特需製品を扱う企業の株の高騰が予想される。新硬貨や新紙幣の発行に限らず、オリンピックや国際会議など、特需の発生が予想される際には該当銘柄をいち早く見つけてエントリーしておきたい。

特需で大きく株価を伸ばす

富士電機（6504） 日足 2020年4月~2021年4月

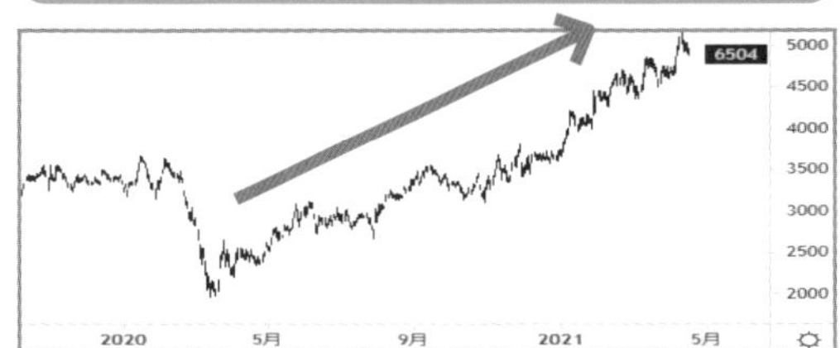

▶相場

005 相場はレンジとトレンドで形成される

値動きは大まかに分けて、一定の幅での値動きにとどまるレンジの動きと、そのレンジを抜けて一定方向に動くトレンドで形成される。レンジ相場がどのタイミングでトレンドを伴い動き出すかは事前にはわからないものだが、トレンドが出るときにはレンジブレイクの動きが起きる。レンジ相場では逆張りが、トレンド相場では順張りが機能することが多くなる。

逆張りが機能するレンジ相場

東京電力HD（9501） 日足 2021年2月~4月

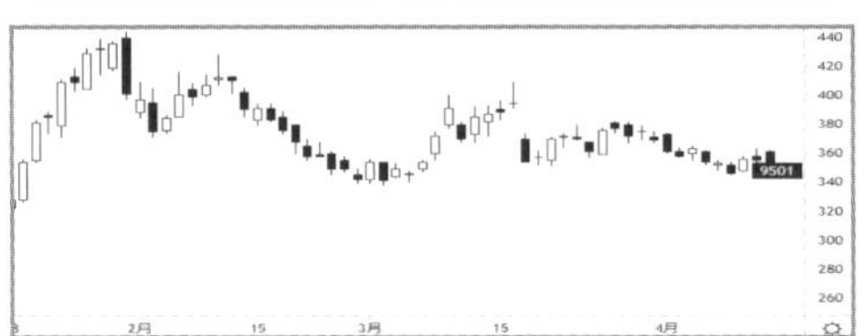

▶銘柄選び

006 出来高急増銘柄からチャンスを掴む

デイ　スイング

出来高急増銘柄は「株探」やネット証券のツールなどで簡単に調べられる。それを引け後にチェックして買いの銘柄を選択する。

出来高が急増したということは、売った人がいた一方で、それだけ買いが入ったということ。なんらかの材料、あるいは判断があって買ったと推測される。それが一過性の材料なのかどうかはニュースを見て考える。

しかし、引け後の状況は「ニュースは出尽くし」ということもあるし、その後、なにもニュースがないこともあるので、チャートで上昇トレンドにあることを確認して精度を上げる。

株探
個人投資家向け株式情報サイト。市場ニュースや決算速報、株価注意報など多面的に情報を提供している。

▶外部要因

007 大口投資家の動向の読み取り方

期間限定　スイング

▶規則的な注文を見つけたら その方向についていく

市場にはさまざまな投資家が参加している。すべての市場参加者の動向を観察することは不可能だが、視点を絞って売買を観察していくと、株価動向に大きな影響を与える大口投資家の動向が透けて見えてくることがある。アナリストの叶内さんはその方法としてアルゴリズム注文の「約定」を見ているという。最近は、発注系のアルゴリズム注文が台頭してきており、大口投資家も一発で大きな玉を振り回してくることは少なくなってきているため、その点に注目していてもわかりにくいため、見つける視点を「約定の状態」に変える必要がある。

大口投資家が使う発注系のアルゴリズム注文のうち、大きな比率を占めているのが、一定の間隔で注文を繰り返す「TWAP注文」と呼ばれるものだ。約定を細かに見ていき、一定のリズムで同じような株数の注文を繰り返している主体がいたら、大口投資家と判断しその方向性についていくように取引を行ってみよう。

こうした大口投資家の注文は永遠に継続するわけではないが、一定期間続く可能性があるため、相場に方向性が出ることが多い。したがって、順張りでその方向に乗った取引のほうが利益につながる可能性が高い。

規則的な売買を見つけたときには素早くついていってみるというのも有効な手法だ。

▶相場

008 決算など場中に材料が出ると買いにうまみあり

信頼度高!!　リスク大!!　スキャル　デイ

▶買い目線で見つつ 一度押すのを待つ

材料が出て上がる銘柄のなかでも、場中に材料が出たものは急騰することが多い。理由として、材料を知ってすぐに買う早耳勢のほか、デイトレなど短期トレードの資金と、値動きに反応した機械（アルゴ）の買いが入ることが挙げられる。需給バランスの点で買い有利になりやすいため、そのような銘柄は株価上昇の期待値が大きい。

ただし、高値づかみしてしまう可能性もあるため、買うタイミングとしては一度調整が入ってから反発するのを待ちたい。また、材料が出て上昇したということは、その材料の分だけ企業の価値が上がったということであるため、急騰前の株価には理論上戻りにくい。買いが続かず株価が下がってきた場合は、材料が出る前の価格が損切りポイントになる。

製品の需要拡大で株価急騰

ウイルコHD（7831）　5分足　2021年4月8日～9日

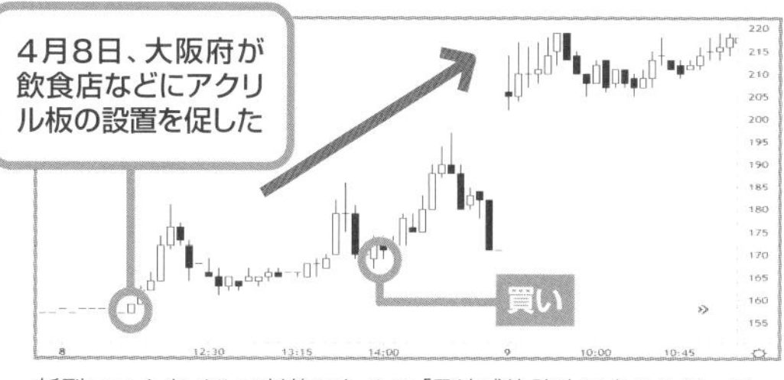

新型コロナウイルス対策のための「飛沫感染防止アクリルパーテーション」の需要が高まり、販売する同社に買いが集まった

発注系のアルゴリズム注文

コンピューターを駆使した取引のうち、証券会社独自のノウハウを組み込むことで、より有利な価格で約定することを可能にしている。

▶相場

009 暴落相場は売りから入って利益を得る

期間限定

▶ショックをチャンスと捉える

短期売買は平常時に利益を得るのに適した売買方法である。何もアクシデントがないときは、相場は理論通りに動くため、ルールに沿って売買を行えば、儲けることができる。

一方で、コロナショックなどの大きな変化が起こったときには、大損してしまう場合が多い。

ショックが起こった相場に対し、短期売買でチャンスを得るには、信用で売りから入り、売値に対して、75から85%ほど価格まで下がったところで買い戻すとよいだろう。暴落が起きた際には近いうちに必ず底がくることを心にとどめ、冷静でかつシンプルな判断をしよう。

暴落しても冷静にシンプルな判断を

日経平均株価　日足　2020年3月~6月

▶外部要因

010 国防関連のニュースに着目

期間限定

▶世界情勢の悪化で軍需銘柄が上昇

2021年4月現在、コロナ禍の終焉が見えていないが、そんななか、日本政府が国防政策に「今よりもっと力を入れるべき」と考えるほど世界情勢はひっ迫している。

世界で戦争が激化すると、軍需産業が盛んになる。実際に兵器を製造している三菱重工業(7011)は株価が伸び続けている。

特に日韓の緊張が高まっていた2015年には現在地より高い8031円にまで高騰していた。

今後も世界情勢の悪化が見込まれるようなら、軍需銘柄の株価上昇には期待できるだろう。国防関連のニュースに着目していこう。

世界情勢の悪化に株価が比例する

三菱重工業(7011)　日足　2015年4月~9月

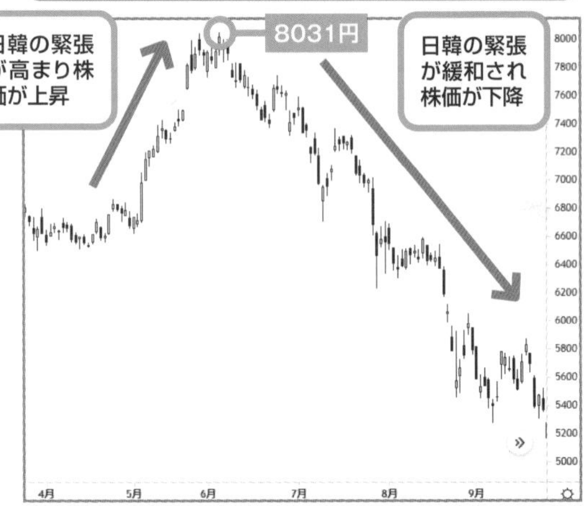

011

ワクチンの接種件数や効果、感染者数に注目

信頼度高!!

▶ワクチンの効果の有無で相場が大きく変化する

2021年４月現在、新型コロナウイルス対策のワクチン接種が始まっている。このワクチンが効果を発揮すれば、人々は徐々にコロナ禍前の生活を取り戻していくだろう。

そうなれば、政府はGo To トラベルキャンペーンやGo To Eatキャンペーンを再開し、実体経済の復活をはかることが予想される。実体経済が回復すると、政府による金融政策で上昇し、現在３万円前後をつけている日経平均株価はさらに上昇するだろう。

一方でこのワクチンが、現在新たに蔓延している変異型ウイルスに対して効果を発揮しなければ、暴落まではならなくとも、株価は下落する可能性が高い。というのも、実体経済が先の見えない状況に置かれることで、投資家心理が落ち込むからだ。

ワクチン接種件数や効果、新型コロナウイルス国内新規感染者数などは、今後も株価動向に大きく影響する。テレビや新聞を通じてコロナ関連のニュースは必ずチェックし、値動きの変化についていけるようにしよう。

日経平均で相場の動きを把握する

日経平均株価　日足　2020年5月~2021年5月

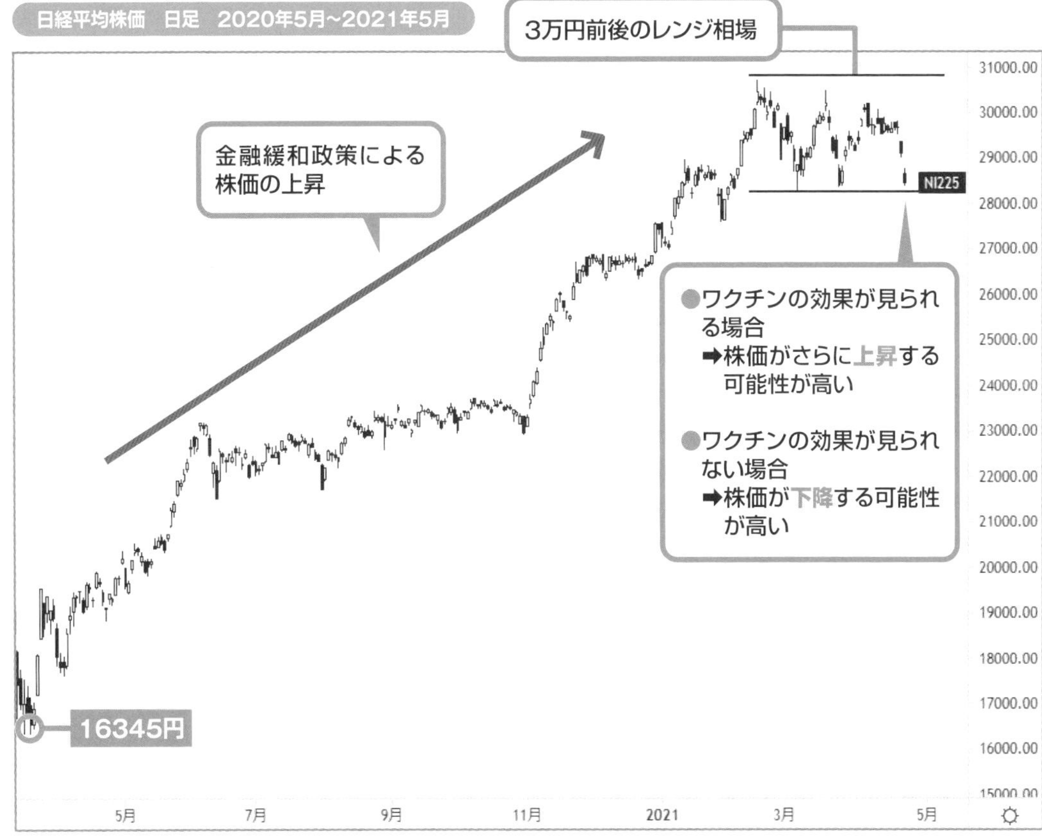

▶外部要因

012

不祥事が起きても焦って手放さない

信頼度高!!

▶企業の不祥事を機に株価が急騰することも

経済全体の動きによる株価の急落とは別に、企業の不祥事による保有銘柄の急落が起こることもある。このような場合、まず売りから入って、安値で買い戻して、その差額で儲けるという方法が一般的だが、他企業から救済が入ったり、不祥事の内容が会社全体への影響が少ないと判断されたりすると、株価が下落してもすぐに上昇へ転じることもある。そのため「投資家や大企業が該当企業をどう評価しているか」の見極めが必要だと投資家の伊藤さんはいう。

例えば2017年７月に福祉サービスを提供するインターネットインフィニティー（6545）の従業員が、訪問介護サービス利用者に対する窃盗の容疑で逮捕されたというニュースが報道された。同社の株価は2430円から1930円まで急落したが、事件後、一度同社の株を手放した投資家たちが企業価値を大きく下げる事態ではないと判断し、再び買い注文が入るようになった。そして、報道から１週間後には陽線をつけ、８月頭には2950円まで上昇した。

急騰の可能性も視野に入れ、焦って該当銘柄を売り払うことがないように落ち着いて相場に臨もう。

一時的に下がっても売り払わない

インターネットインフィニティー（6545）　日足　2017年7月~8月

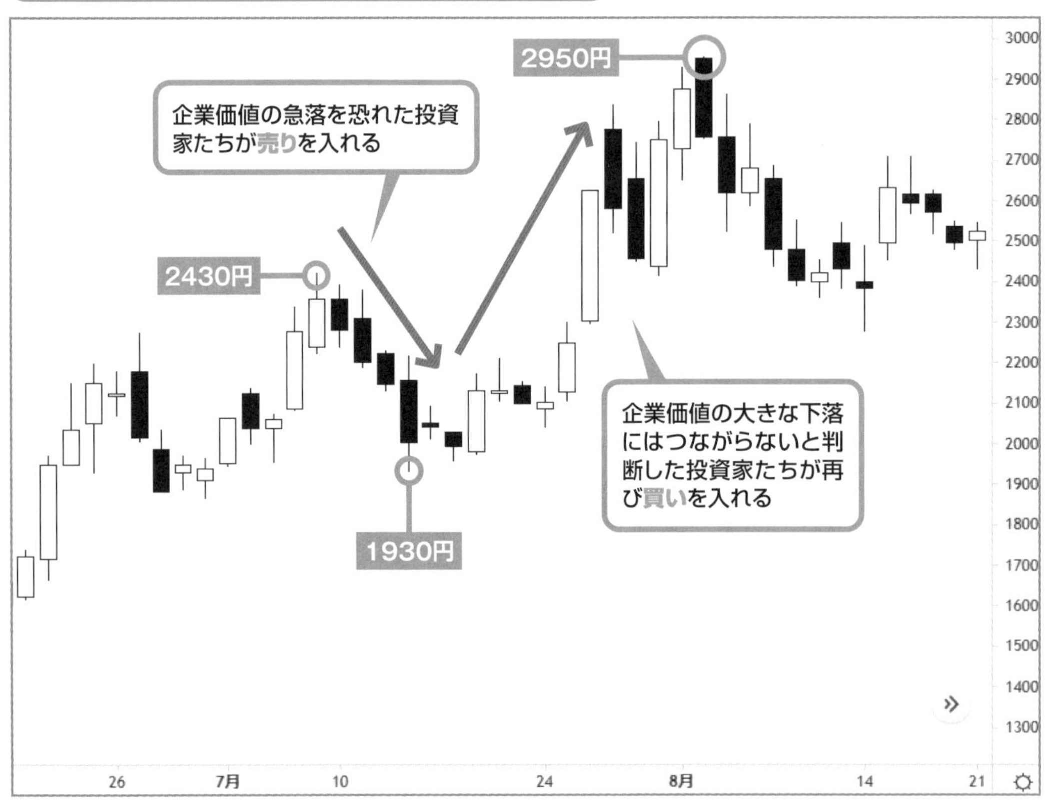

▶銘柄選び

013

株主優待を新設する銘柄を狙う

信頼度高!! スイング

▶飲食小売業は優待制度を新設しやすい

これまで株主優待を行っていなかった企業が優待を新設する場合、該当企業の株価にとって基本的には好材料となる。そのため、短期投資においても優待新設発表前に目星をつけておくことができればチャンスだ。すべての企業に当てはまるわけではないが、優待新設の判断材料はいくつかある。

まず、飲食業界や小売業界に属する企業は、自社商品や割引券として優待制度をつくりやすいため、把握しておく必要がある。特に周辺企業が優待を出しているなか、該当企業だけが優待を出していない場合は、将来的に新設される可能性がある。

2つ目は株主総会やIRで新しい情報を確認する方法だ。優待新設に前向きな企業であれば、株主総会における質問やIRに直接聞いた場合でも、「検討しています」といったように否定されることは少ない。

配当新設で株価が伸びる

STIフードHD(2932) 日足 2021年2月~4月

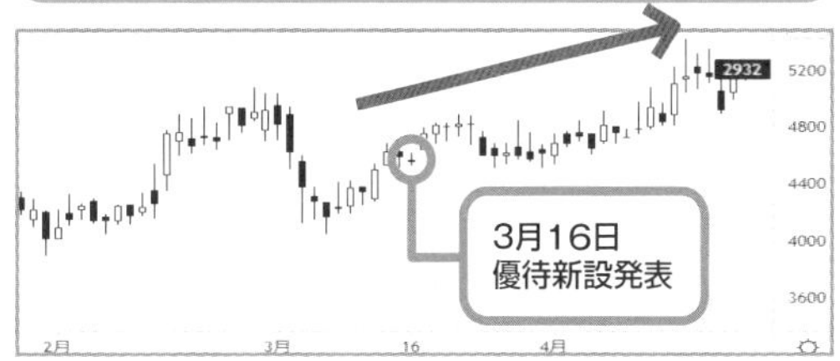

▶相場

014

月足や週足で相場の流れを掴む

信頼度高!! スキャル

▶ローソク足1本で相場の強弱がわかる

5分足でトレードするのでも、月に1度は月足、週に1度は週足を見て、トレードの前には日足・時間足をチェックしたい。これで大きな流れを掴み、その日売りで入るか買いで入るかを決める。

次に相場の流れの強さを判断する。まずはローソク足を見る。例えば下ヒゲ陽線なら、いったん下げたものの安値から反発し結局寄付きより高く終わったということが表されている。

この1本で下げ圧力の弱さを感じることができる。テクニカル指標はさまざまあるが、まずはローソク足を重視するとよい。

ローソク足から情報収集する

AMIDAHD(7671) 日足 2021年1月~4月

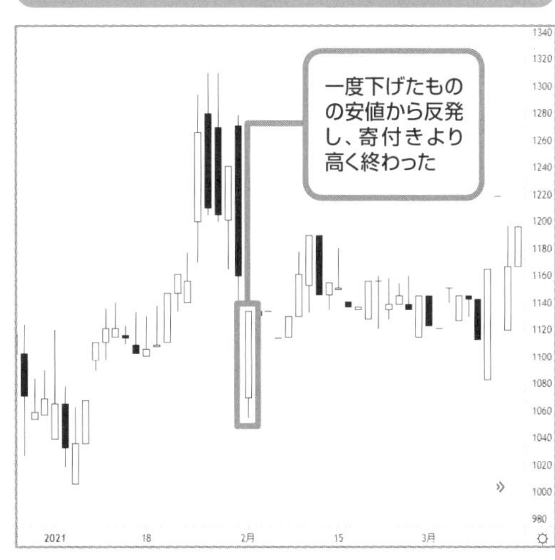

▶銘柄選び

015 国内の中堅証券会社のレーティングに注目する

デイ　スイング

▶大手のレーティングは売り推奨銘柄の格上げに注目

アナリストが5段階で評価する株価のレーティング情報は、ウェブサイトなどで確認できるが、特に証券会社などブローカーのレーティングは市場に出回るため株価の反応は強まりやすい。

なかでも、最近は国内の中堅証券のレーティングに関心が集まっている。というのも、対象銘柄は海外投資家の売買に振り回されにくい小型株が多いほか、支店での営業推進などにそれらのレーティングが使われてることも多く、そうした影響が表面化しやすいとも考えられるためだ。

仮に、当日に急騰した後に急失速するような銘柄でも、レーティング次第で翌日以降の早い段階で盛り返すような状況も多く見受けられる。また、国内大手や外資系証券のレーティング変更は、例えば「売り推奨」とレーティングされている銘柄が格上げされると、単純にショートカバー（空売りからの買い戻し）につながるため、投資妙味がある。また、そうした「売り推奨」される銘柄は同様のレーティングが各社で重なる傾向も強いため、ほかのブローカーの格上げにもつながりやすい。

1
2
3

レーティングの例

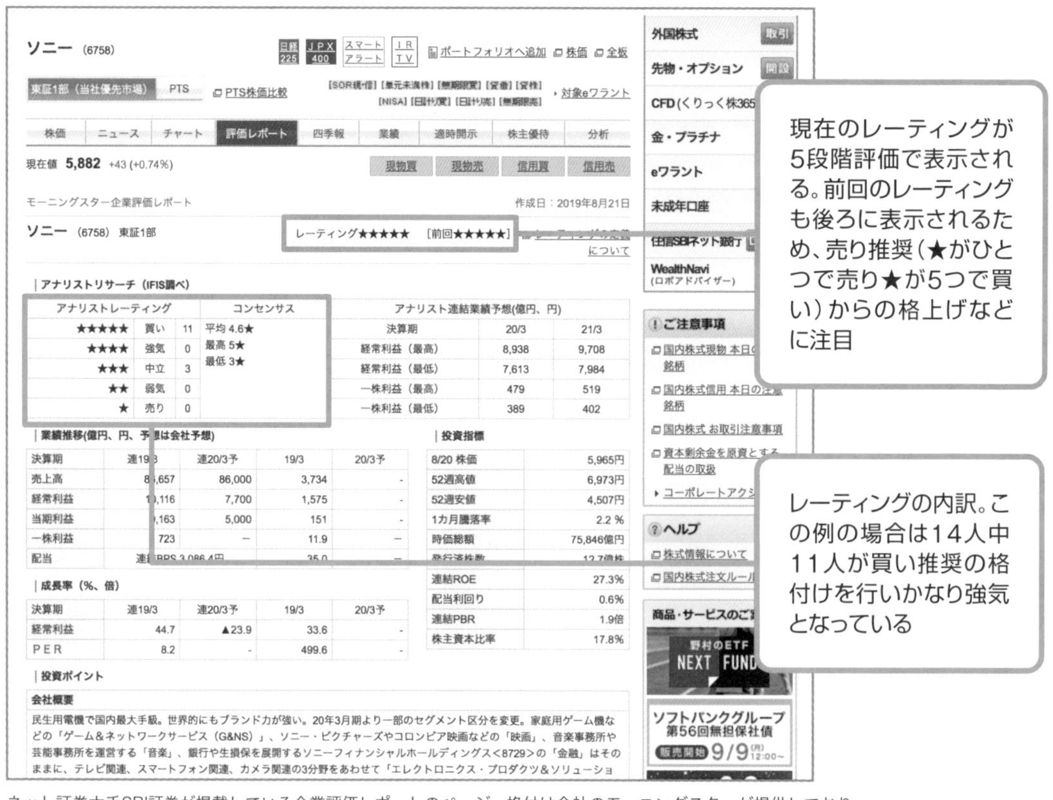

アナリストリサーチ（IFIS調べ）

アナリストレーティング			コンセンサス
★★★★★	買い	11	平均 4.6★
★★★★	強気	0	最高 5★
★★★	中立	3	最低 3★
★★	弱気	0	
★	売り	0	

アナリスト連結業績予想(億円、円)

決算期	20/3	21/3
経常利益（最高）	8,938	9,708
経常利益（最低）	7,613	7,984
一株利益（最高）	479	519
一株利益（最低）	389	402

業績推移(億円、円、予想は会社予想)

決算期	連19/3	連20/3予	19/3	20/3予
売上高	8[illegible],657	86,000	3,734	-
経常利益	[illegible],116	7,700	1,575	-
当期利益	[illegible],163	5,000	151	-
一株利益	723	—	11.9	—
配当	連[illegible]BPS 3,086.4円		35.0	—

投資指標

8/20 株価	5,965円
52週高値	6,973円
52週安値	4,507円
1カ月騰落率	2.2 %
時価総額	75,846億円
発行済株数	12.7億株
連結ROE	27.3%
配当利回り	0.6%
連結PBR	1.9倍
株主資本比率	17.8%

成長率（%、倍）

決算期	連19/3	連20/3予	19/3	20/3予
経常利益	44.7	▲23.9	33.6	-
PER	8.2	-	499.6	-

投資ポイント

会社概要

民生用電機で国内最大手級。世界的にもブランド力が強い。20年3月期より一部のセグメント区分を変更。家庭用ゲーム機などの「ゲーム&ネットワークサービス（G&NS）」、ソニー・ピクチャーズやコロンビア映画などの「映画」、音楽事務所や芸能事務所を運営する「音楽」、銀行や生損保を展開するソニーフィナンシャルホールディングス<8729>の「金融」はそのままに、テレビ関連、スマートフォン関連、カメラ関連の3分野をあわせて「エレクトロニクス・プロダクツ&ソリューショ

ネット証券大手SBI証券が掲載している企業評価レポートのページ。格付け会社のモーニングスターが提供しており、レーティングやアナリストの業績予想などのレポートを閲覧することができる。画像はソニー（6758）のページ

空売り

株式を証券会社から借りて売り、その後、決済日までに買い戻して、株式を返却する。その際に発生する差額で利益を狙う取引のこと。

▶銘柄選び

016

配当権利落ち日は無配当銘柄に投資妙味がある

期間限定　デイ　スイング

▶無配当銘柄は先物買いのインパクトが出やすい

配当権利落ち日には、無配当銘柄が比較的買われやすい傾向がある。高利回り銘柄などは権利落ちの影響が大きいが、権利付き最終売買日や権利落ち日には、機関投資家による配当権利落ち分の再投資が先物に入り、全体相場に資金が入りやすい。

一方で無配当銘柄は権利落ち分がなく、先物買いによるプラスのインパクトがもたらされることになるため投資妙味がある。権利付き最終売買日に向けての銘柄選びとしては、無配銘柄買いも一考といえる。

無配当銘柄で権利落ち日以降も上昇が続く

ルネサスエレクトロニクス（6723）　日足　2021年12月～4月

▶銘柄選び

017

日経新聞の「私の履歴書」をチェックする

期間限定　スイング

▶月末の朝刊をチェックして先回り買いが可能

日本経済新聞の名物コラム「私の履歴書」は市場の注目度が非常に高いため、株価を動かす材料になりやすい。特に注目したいのは、年2回程度ある、トップ企業の元経営者の登場だ。最終面に元経営者のコラムが掲載されているのに、その企業の経営悪化や悪材料などの記事が掲載されるのは日本経済新聞としても格好が悪いことから、企業のインタビュー記事は避けるはず。それゆえ、そのコラムが掲載されるのは、当面、本紙に悪材料が掲載されなさそうな銘柄ということになる。

そうした理由から、その企業の注目度が高まり、短期的に株価が騰がることが多い。毎月月末には掲載予定の人物が紹介されているため、月末の朝刊をチェックし、翌月が企業の元経営者の場合は、先回り買いも可能だ。

権利付き最終売買日
保有することで配当金や株主優待などの株主権利を得ることができる最終取引日のこと。

権利落ち日
権利付き最終売買日の翌営業日のこと。株主権利を得るためには、この日までに株主名簿に記載されている必要がある。

▶銘柄選び

018 好決算を折り込んだ銘柄に投資する

信頼度高!! スイング

▶決算発表の1～3カ月前から折り込むことが多い

決算発表前に、決算に伴う株価上昇に乗ることを目的に買いを入れるとよいと投資家の伊藤さんはいう。

例えば、アサックス（8772）は1月27日に決算発表があり、2020年12月から決算月の2021年２月上旬にかけて、株価が上昇している。１月の決算発表後も２週間ほど株価が上昇を続けた。

スイングを狙って、12月頭に買い、天井を迎えた２月頭に売れば、決算前の上昇で利益を得ることができる。

多くの場合、決算発表の１～３カ月前から折り込むことが多い。今から１～３カ月後に決算発表を行う企業に注目し、決算内容が期待できる銘柄を狙うとよいだろう。

ただし、好決算を折り込み上昇していたが、決算内容が期待に沿わなかったことで、決算発表後に株価がしぼんでいくこともある。そのような場合は、早期に手放す必要がある。

短期で決算銘柄を狙う

アサックス(8772) 日足 2020年12月~2021年2月

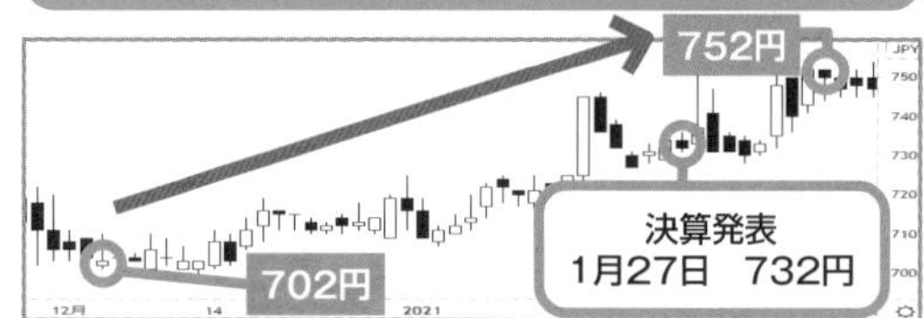

▶銘柄選び

019 3月9月以外の決算銘柄を狙う

信頼度高!!

▶配当や株主優待の決算月を確認する

テクニック018と関連して、決算期前の銘柄を狙う手法を紹介する。

決算期というと、３月や９月ばかりをイメージする人が多いが、企業によっては２月決算や６月決算の場合もある。

国税庁の調査によると、企業の決算月は３月が54万社超となり最も多く、次いで多いのが９月で29万社ほどである。しかし、ほかにも12月決算が24万社ほど、６月決算が25万社ほどあり、決算に伴う上昇を狙える月は３月９月だけではないことがわかる。

ダイヤモンドシステムの「決算月決算日一覧検索」を使うと、配当や株主優待の決算月を一覧で確認することができる。３月９月以外でも決算銘柄を狙っていこう。

決算日を一覧で見る

決算月:4月　市場:指定なし　業種:指定なし　該当数:40件 [1～20件目]

コード	銘柄	市場	決算日	情報等
4750	ダイサン	東証2部	4月20日	株価
1436	フィット	マザーズ	4月末日	株価
1766	東建コーポレーション	東証1部	4月末日	株価 | 優待
2159	フルスピード	東証2部	4月末日	株価 | 優待
2438	アスカネット	マザーズ	4月末日	株価 | 優待
2593	伊藤園	東証1部	4月末日	株価 | 優待
2751	テンポスホールディングス	JASDAQ	4月末日	株価 | 優待
2910	ロック・フィールド	東証1部	4月末日	株価 | 優待
2923	サトウ食品	東証2部	4月末日	株価 | 優待
3031	ラクーンホールディングス	東証1部	4月末日	株価
3134	Ｈａｍｅｅ	東証1部	4月末日	株価 | 優待

決算月・決算日一覧検索（https://kabu.hikak.com/）

▶銘柄選び

M&Aは親会社の持ち株比率50%以下が狙い目

信頼度高!! 期間限定 デイ スイング

▶昇格による株価上昇を期待しても完全子会社化では旨味が薄い

日本企業による海外企業の買収に関しては、総じてネガティブな反応が強まりやすい。買収金額が引き上げられやすいなど、今後も買収側の評価が高まるには時間を要することになろう。特に海外大型企業買収検討などの第一報に関しては、総じて慎重な対応が必要だ。一方で国内では今後グループ企業の再編などが増加してくるとみられる。

ただ、TOBではなく株式交換が実施されるケースが多いなど、連結子会社から完全子会社化移行の際には、妙味が強まりにくい。特に被買収企業の業績が低迷しているなどの場合は、交換比率が不利になりやすく、観測報道で上昇する場面などは厳重な注意が必要となる。特に、親会社の持ち株比率が50%を超える場合、その親会社は株主総会の普通決議や余剰金の配当などの決議を親会社のみでできる権利を取得することになる。

つまり、投資先の会社ではなく、親会社の「思い通り」の経営になってしまいかねない。東証での昇格による値上がりを狙う場合は、親会社の持ち株比率は、株主が持つ権利が比較的少ない50%以下が狙い目だろう。

▶銘柄選び

021 成長分野に投資する銘柄の増資発表は上昇要因

期間限定 デイ

▶発表タイミングによってはネガティブイメージが薄まる

業績が急成長して、株価も上昇している銘柄には、借り入れなどの資金調達（ファイナンス）などによる懸念が付きまといやすい。実際にファイナンスが発表され、下落した銘柄でも、今後はこうした懸念がなくなることで安心感が生じるケースもある。ファイナンス資金の用途として、成長分野への設備投資が目的である銘柄はネガティブなイメージがそれほど強まらない。こうした用途であれば、事前に説明会などでファイナンスの可能性なども開示されやすい。一般的に、売出価格の決定後や公募株の還流後などの場面ではファイナンス発表による反発力が高まりやすいが、借入金の返済などが主用途の場合は、反発のタイミングは遅れやすくなる。株価が上昇したすきにやってしまおうといった、企業意識による投資家からの信用力の低下は拭いがたい。資金使途のチェックは必要となる。

TOB

株式公開買い付けのこと。買い集めたい上場企業の株式の買い取る価格や株数を提示して、不特定多数の株主から買い付けることを指す。

▶銘柄選び

022

テーマで上がっている銘柄は主力を買う

信頼度高!! 期間限定 デイ スイング

▶テーマを牽引する主力銘柄を見極める

あるテーマが注目されると、関連銘柄が一気に上がる。最近では、EV、仮想通貨、量子コンピュータなどがその一例で、注目されたテーマには短期トレードの資金が流入する。ただし、テーマ関連の銘柄がすべて上がるわけではない。傾向としては、テーマのなかの主力銘柄が最も買われやすく、値上がりしやすい。つまり、主力銘柄を見ておくと、そのテーマがどれくらい盛り上がっているかがわかりやすい。

また、テーマ株の二番手以降は、主力銘柄と比べて上昇力が弱くなりやすい。

テーマの注目度が下がったり、主力銘柄の上昇が止まることによって急落することも多いため、テーマ株では主力がどれかを見極めることが重要だ。

テーマの主力はパフォーマンスで比較するとわかりやすい

4銘柄のパフォーマンス比較チャート　2020年11月~2021年4月

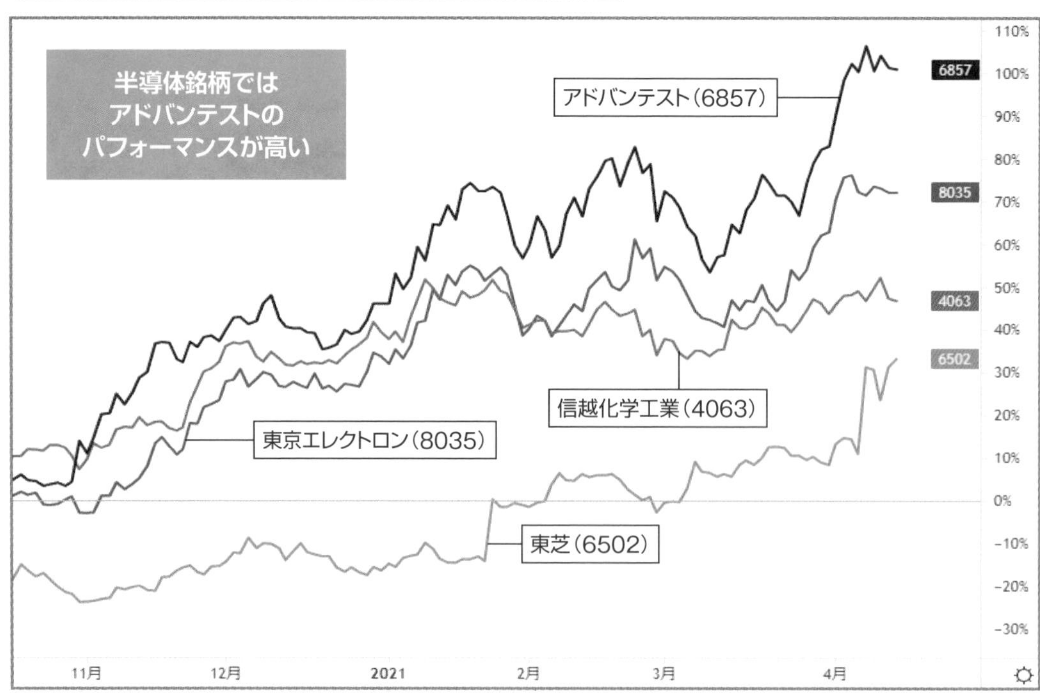

上記のようなチャート以外に、株探の「株式テーマの銘柄一覧」でも銘柄ごとのパフォーマンスを比較できる(https://kabutan.jp/themes/?theme=%E5%8D%8A%E5%B0%8E%E4%BD%93)

▶ 銘柄選び

023

銘柄選定ではストップ高銘柄を見る

信頼度高!!  デイ

▶ 材料優先で判断に迷ったら リストを作成する

株式市場に上場している銘柄は3000社以上あり銘柄選択に迷いがちだが、短期売買において最も重要な「売買が盛り上がっている銘柄」で絞ると意外と選択肢は少なくなる。その時々によって注目される銘柄は異なるが、どれだけ地合いがよくても10銘柄ほどまでは絞り込めるだろう。 投資家のVさんが銘柄選定においてまず優先するのが、「前日（前々日）ストップ高銘柄（自社株買い・分割買いを除く）」だ。そこから出来高がかなり減っていたり、全体で見ると株価が下がっているような銘柄を除いたリストをまず作成するのだという。

投資は美人投票であり、ストップ高はそうした盛り上がっている銘柄を端的に示す指標になる。材料優先で銘柄選定の判断に迷う場合に取り入れてみるとよいだろう。

売買が盛り上がっている 銘柄を絞る方法

前日（前々日）のストップ高銘柄に注目

▼

そこから大幅に出来高が減っている銘柄、全体敵に見て株価が下っている銘柄を除く

▼

売買が盛り上がっている銘柄が残る

▶ 銘柄選び

024

コロナ禍で新サービスを始めた企業に注目

期間限定

▶ 業界ではなく ビジネススタイルを見る

コロナ禍で多くの人が自粛を余儀なくされ、それぞれの生活様式も大きく変わった。

しかし、コロナ禍は株式売買におけるチャンスであり、それは人々の動きからも見出すことができると投資家の伊藤さんはいう。

例えば、営業時間の短縮や会場収容人数の制限などを求められた飲食業界や娯楽業界は、イートインスペースを持たない宅配専用のゴーストレストランや、車に乗ったまま花火を見るドライブインシアターなど新しいサービスを見出し、多くの人々から注目を集めた。その影響で、株価を維持または上昇へと転換させている企業もあり、同じ業界でも企業間格差が大きくなっているのだ。

業界で絞り込まず、視野を広く持つことで、業績を向上させている企業を見落とさないようにしよう。

成長性は業界では決まらない

ドトール・日レスHD（3397） 日足 2020年12月~2021年4月

▶銘柄選び

025

テーマ株の連動性から伸びる銘柄を見つける

信頼度高!!

▶テーマが重なった銘柄は成長する可能性が高い

短期投資ではテーマに沿った戦略が有効だ。今の投資テーマを知り、関連する銘柄にのる。

ある意味これもモメンタム投資だ。コロナ禍ではテーマが多かった。なかでもさまざまなテーマが重なったのが半導体関連。在宅勤務が増えたこと、５G、車の電動化・自動化に加えさらに米中摩擦による半導体不足。こうした重なりを持ったテーマは強い。また、複数のテーマ性を併せ持つ銘柄も強い。

例えば、半導体業界でいえば製造装置大手の東京エレクトロンといった王道企業が挙げられる。このような銘柄はほかの企業より早く、株価の上昇を始め、その後も長い上昇が続くことが多い。また、このような場合、大型株よりも小型株のほうが相場の変動が大きい場合がある。

相場の連動性は、繰り返されることが多いため、王道銘柄のあとに急伸した二部や新興市場の銘柄を覚えておこう。

大型株の長い上昇

東京エレクトロン（8035）　日足　2020年3月~2021年3月

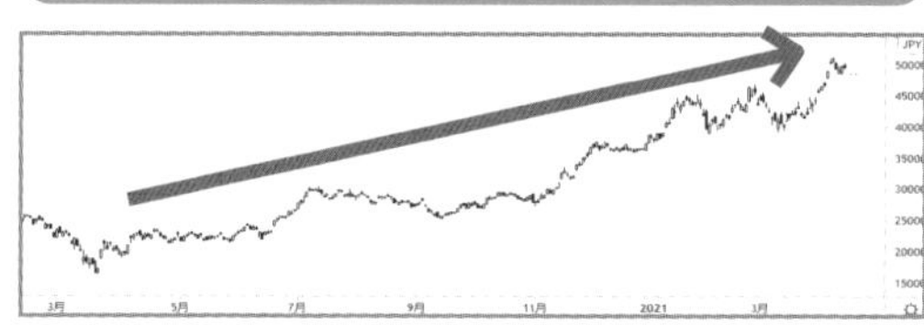

1

2

3

4

5

モメンタム投資

相場の時流に合わせて売買を行う投資方法のこと。株価が上がっているときに買い、下がっているときに売ること。

Section.2

投資家の経験

売買は長く投資の世界を見聞きしてきた投資家やアナリストたちの経験がものをいう。
チャートやテクニカルによらない売買判断やIPOなど経験則に基づいたものを集めた。

▶売買判断

026 レンジ売買でのさや取りは勝率が高い

信頼度高!! デイ スイング

▶底値を想定して何度もさや取り

企業の成長に期待し長期に渡って投資する長期投資と違って、短期売買では、得られる利益が小さいことが多い。そのため、レンジ売買によって細かく鞘取りしていくことが勝率を高めるひとつの戦略となる。

ボックス相場を形成している銘柄を見つけたら、チャートから底値がある程度予測できる。底値に近付いてきている銘柄をマークしておき、過去のチャートパターン通りに反発を確認できたらエントリーするという戦略をとる。こうした癖のある銘柄を見つければ、何度も同じ戦略でさや取りすることができ、またボックス相場での底値を予測することもできるため、リスク管理をしやすい点もポイントだ。

レンジ売買のイメージ

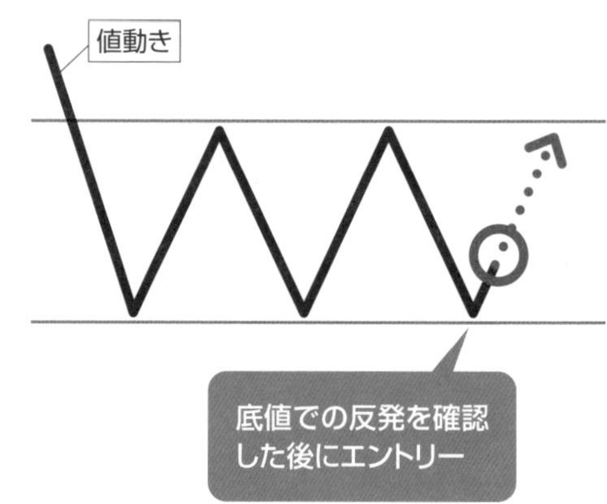

▶売買判断

027 月曜日の寄り付きは様子見でOK

信頼度高!! スキャル デイ

▶休み明けの相場は値動きが複雑化しやすい

市場は15時でいったん閉まるが、引け後に決算や材料などの情報が流れなければ、株価は基本的には連続して動いている。つまり、前日の15時の続きが翌日（営業日）の９時から始まる。スイングでもつ場合は、この連続性を頭に入れて値動きを考えることが大事。

ただし、土日や祝日を挟む場合は連続性が薄れる。市場が閉じている時間が長くなることで、値動きに関する投資家の記憶が薄れるとともに、翌日の値動きがイメージしにくくなるためだ。そのため、月曜日や休日明けの寄り付きは値動きが複雑化しやすくなる。リスク管理のポイントとして、月曜日・休日明けの寄り付きは様子見したり、売買の量を減らすほうがよい。

月曜日の寄付は値動きが複雑化する

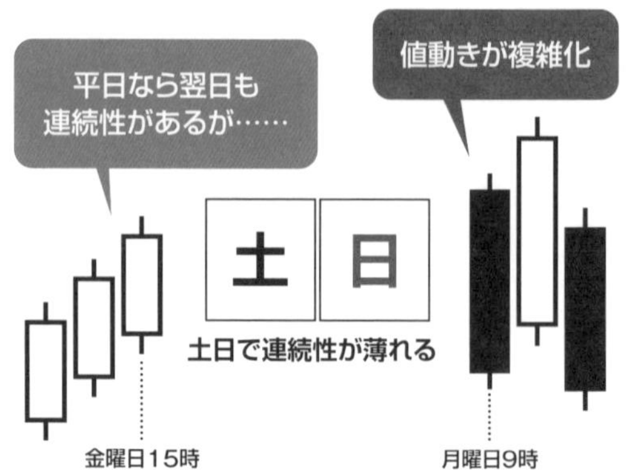

▶売買判断

028

月曜日の朝、寄り天からの高値掴みに注意

信頼度高!! スキャル デイ

▶週明けと同時にポジションを取る人が多い

テクニック027と関連して、短期トレーダーの多くは、週末持ち越しのリスクを抑えるために、金曜日の引けまでに手じまいし、月曜日の朝は新たにポジションを取ることが多い。また、市場全体が盛り上がっているときなどは、会社員の投資家が土日に銘柄を調べ、月曜日の寄り付きで買うケースも増える。

寄り付きやその付近で買うということは、その時間帯に買い注文が集中するということ。つまり、寄ってからの買いが続きにくくなり、寄り天になる可能性がある。このような傾向を踏まえると、月曜日の寄り値が高くなりやすい点に注意が必要となることがわかる。

月曜日寄り付き天井のイメージ

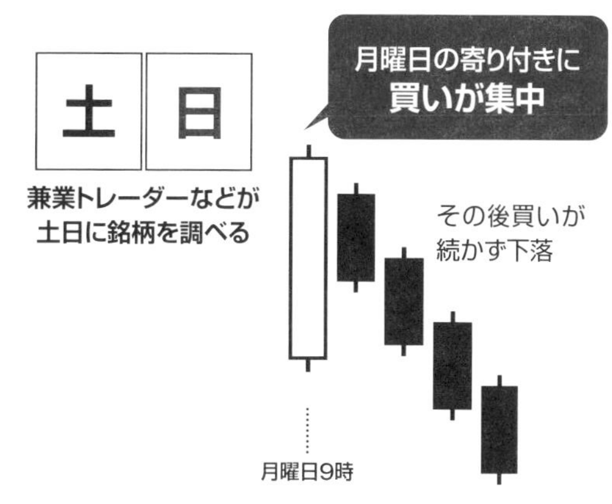

▶売買判断

029

10時以降に高い位置にある銘柄は注意する

信頼度高!! スキャル デイ

▶利確の売りに押されて値下がることがある

デイトレは短期で細かく売買を繰り返す取引であるため、寄り付き～10時、14時30分～15時のような時間帯にチャンスが多くある。一方で10時以降、株価が高い位置にある銘柄は利確の売りに押される可能性が高いので注意が必要だ。

材料性や板の状況、日中足などから更なる上値まで買われるかどうか見極め、一端利確して様子を見たり、半分だけ利確するなどの判断が必要となる。

デイトレに適した時間帯

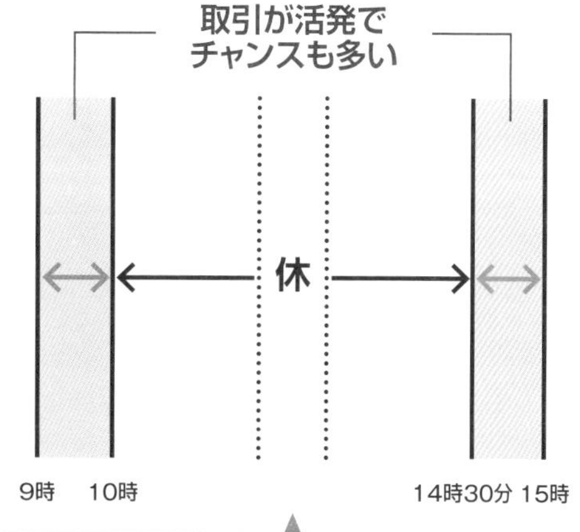

寄り天

その日の高値が寄り付きでつくこと。

▶売買判断

030

コロナ禍で沸いた銘柄は売り抜け優先

期間限定

▶値動きの癖を見極め 瞬間的な上昇を狙う

コロナ禍で一時は売り切れ必至となったマスクやアルコール消毒液は、関連銘柄の急騰を招いた。いまだ、マスクや消毒液は必需品とされ続けているが、その関連銘柄を保有している際は再上昇への期待の一方で、さらなる大幅な下落の可能性を視野に入れておく必要がある。

例えば、不織布マスクで知られているダイワボウHD（3107）は2021年４月時点で高値圏のレンジ相場で1650円から1950円の間を上下している。一方で、医療用マスクなどでも有名な重松製作所（7980）は2020年１月30日に2796円の高値をつけて、2021年４月7日現在は1014円まで下げている。

とはいえ、これらの銘柄に新ビジネスによる上昇などのチャンスを見出せる可能性も大いにある。該当銘柄を保有している場合は、「買値から含み益が出たら持っている株をすべて売り抜ける」という勢いで臨もう。

大幅な値下げに注意する

ダイワボウHD（3107） 日足 2020年12月~2021年4月

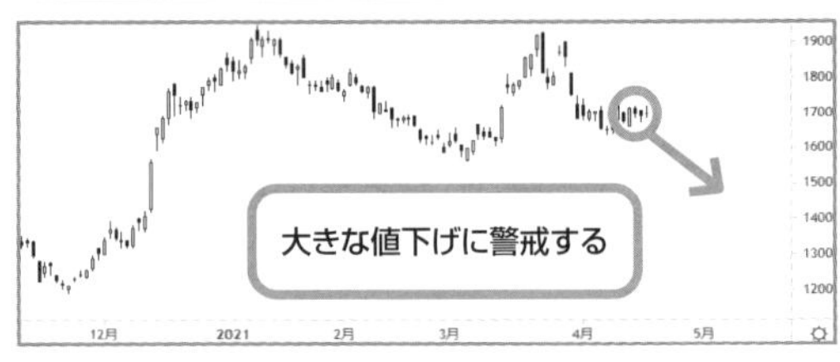

▶売買判断

031

株価の戻しやすい信用銘柄でトレード

スイング

▶空売りができない銘柄で デイトレード

個人投資家がデイトレードで勝ちやすい、という視点でいえば信用銘柄で取引するのも重要。信用銘柄は空売りができないため、上昇に乗って利益を得たトレーダーが利確しいったん株価が下がっても、空売りによる売り圧力が少ないため株価がもどしやすく、買いによる利益を狙いやすい。

また、大型銘柄には資金量の大きなデイトレーダーがいるため、不用意に買いに回るとふるい落としなどで損失を広げやすいことや、売りの利確でも買い注文がされるため、純粋な買い需要との区別がつきづらいのも難易度を高める原因になっている。デイトレードの際には新興銘柄でかつ信用区分の銘柄を選ぶとよいだろう。

売り方の圧力が 小さい信用銘柄

値動き

信用銘柄は売り圧力が少ないため、価格が戻りやすい

信用銘柄

制度信用銘柄のうち、証券会社が証券金融会社から株券を調達できないため売り建てができない銘柄のこと。買い建て・売り建てどちらも可能なものは貸借銘柄と呼ばれている。

持ち越しでGUを狙う

信頼度高!!　スイング

▶逆にGDであれば9時50分までにナンピン買いで入る

寄り付きは、前日場が引けた後の材料をもとにしたトレーダーの注文が殺到しやすいため、比較的値動きが大きくなる傾向にある。こうした寄り付きの値幅を効率よくとっていくには、前日からの１泊２日の持ち越しトレードが有効。前日の14時30分～大引けまでに大きな上昇したものや、上ヒゲを伴う陽線が出ている銘柄など、翌日まで勢いが続きそうものを買っておき、持ち越す。

翌日の寄り付きで予定通り始値が上昇してGUすれば、そこで利益確定。当然、目論見通りにいかないこともあるため、GDして始まった場合は、状況を見てナンピン買いをし、その分の利益は早めに確定する。

テクニック029と関連して、10時以降は相場の状況が変わるので、９時50分を過ぎて下げが継続するようであれば損切りして、一連のトレードを終了する。

これは特に大きな時間軸で上昇局面の銘柄などでは寄り付きでGUすることも多く、その分の利益をとっていくことができる。

☰持ち越し戦略のイメージ

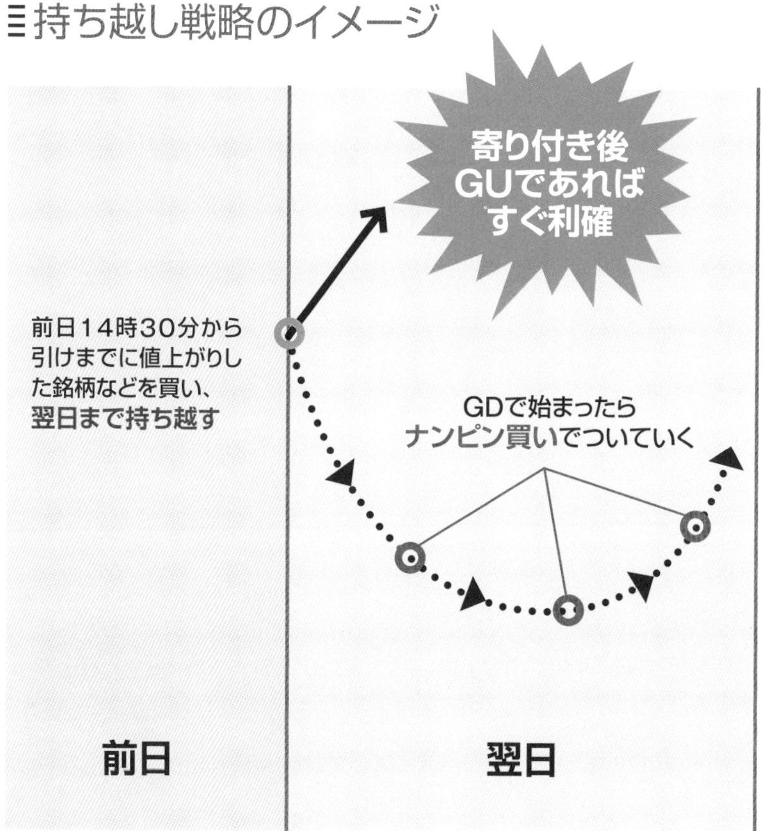

ナンピン

買った株が値下がりしたときに、さらに同じ株を買い増して、平均購入単価を下げること。その後の株価の上昇で、ナンピン前よりも多くの利益を得ることを目的としている。

▶売買判断

033

少額の投資で効率よく稼ぐ

信頼度高!!

▶低位株では10%増が実現しやすい

100円以下の低位株は、値動きの特徴をとらえやすいと投資家の伊藤さんはいう。

横ばいでの推移を続けて、数カ月に一度上がり、再びもとの値に戻ることが多い。1000円以上の株価をつけている銘柄と比べて値動きの幅が小さいため、あまり利益にならないようにも見える。

しかし、例えば一株10円で買った銘柄が1円上がり11円になると、買値と比べて10%も上昇していることになる。一株数千～数万の銘柄で短期間に10%も値動きがあることはそうそうないことだが、低位株では実現しやすい。

ただし、低位株は効率よく利益を得られる分、損失の増加スピードも速い。ハイリターンの投資はハイリスクであることを覚えておこう。

上がったタイミングを狙う

ジャパンディスプレイ(6740)　日足　2021年1月~4月

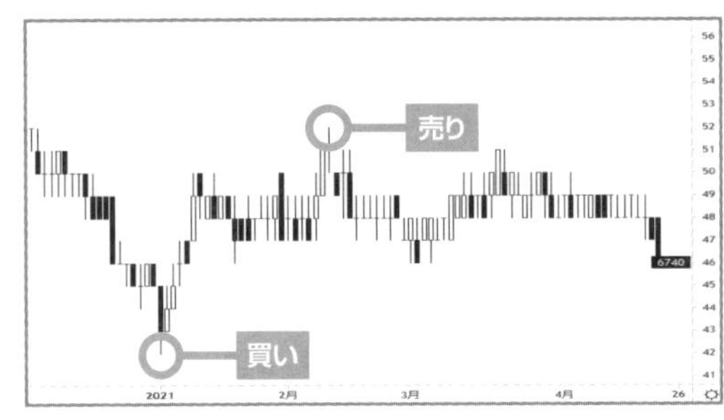

1
2
3
4
5

▶売買判断

034

アナリストレポートの目標株価変更は短期で取る

信頼度高!!　デイ

アナリストレポートはネット証券のサイトなどでも多く見ることができ、重要な株価材料となっている。投資判断の変更のみならず、目標株価の変更だけでも株価は大きな反応を示すことが多い。短期的な上昇にとどまるのか否かは、レポートが機関投資家の買いにつながるのかどうかともいえる。

アナリストが目標株価を変更する背景にはいくつかあるが、PERなどの基準年度の変更だけといったものではなく、株価を水準訂正するには業績予想の修正を伴う必要がある。仮に業績予想が大きく修正されれば、目標株価の変更などがなくても株価が反応するケースはある。

▶売買判断

035

個人投資家は逆張り主体

デイ　スイング

上がったら売りが増えていき、下がったら買いが増えていく、逆張りチックな売買手口が出る傾向が、個人投資家にはよく見られる。

テクニック001でも紹介した通り外国人投資家の売買動向と比較すると売り買いの方向が逆になることが多い。個人投資家の投資期間は数日から数カ月ほどであり、相場の行き過ぎを押し戻す方向性に動くスタイルが多いのだ。

機関投資家

銀行、保険会社、年金基金など、多額の資金で株式を運用する大口投資家を指す。

▶売買判断

036

相場の流れに乗って続伸銘柄で稼ぐ

信頼度高!! スイング デイ

▶続伸日数で相場の動きを予測する

2020年3月からはじまるコロナ禍の相場前半では、時流にのる投資であるモメンタム投資が有効だった。いつまでも有効性があるわけではないが、短期的に相場に乗るには有効だ。

勢いの強さを示すテクニカル指標はいろいろあるが、連続値上がり数を加えてみるとよい。

例えば4・5日続伸となってくると相場に勢いがあるといえる。空売り勢が増え、いったん急落しても、トレンドラインを割り込まなければ買いで参戦する。そして買戻しを巻き込んで急伸することに期待しておく。

一方で、7・8日と続伸する銘柄は過熱感が出て急落することもある。その場合は売りで参戦する。その後、底値をつけたあたりで買いを入れるとよいだろう。

☰連続値上がり銘柄を見る

順位	市場	コード	銘柄名	株価（終値）	株価（終値）	出来高	株価（終値）	PER	単位株式数
				実数値(円)	上下幅(円)	実数値(株)	連続上昇(日)	実数値(倍)	実数値(株)
			平均値	23,047	184	227,552	5	37.29	64
1	ＪＱ	1799	第一建設工業	1,998	17	3,500	7	11.99	100
2	マザ	3237	イントランス	91	2	427,000	7	∞	100
3	東1	3493	伊藤忠アドＬ	140,800	1,200	2,011	7	63.58	1
4	東2	4999	セメダイン	762	3	2,600	7	14.27	100
5	東1	1327	ＥＡＳＹ商品	3,610	25	593	6	---	1
6	東1	1345	日興リート隔	2,088	8	73,700	6	---	100
7	東1	1476	ｉＳＪリート	2,131	2	396,900	6	---	1
8	東1	1543	純パラ信託	97,200	2,000	340	6	---	1
9	東1	1631	野村銀行１７	7,810	10	3,672	6	---	1
10	東1	1660	ＭＸ高利ＪＲ	11,740	50	408	6	---	1
11	東2	1775	Ｅ＆Ｃ	2,600	49	10,800	6	5.92	100
12	東1	2045	Ｓリート	13,700	120	9	6	---	1
13	東1	2046	インドブル	12,760	40	3,351	6	---	1
14	東1	2440	ぐるなび	627	9	535,000	6	∞	100

個人投資家向け投資・株価情報　ストックウェザー（https://www.stockboard.jp/flash/sel/?sel=sel552）

▶売買判断

037

半値の基準を加えて売買の精度を上げる

信頼度高!! スイング デイ

▶半値は売りと買いの勢力分岐点

海外のプロにも支持者が多い「一目均衡表」は、基準線が過去26日間の高値と安値の半値、

転換線が過去9日間の高値と安値の半値であるように「半値関係」を非常に重視する。

半値、すなわち真ん中の位置は売りと買いの勢力の分岐点であり、この分岐点をエントリーポイントとして見る。

例えば上昇してきた相場に買いで入る場合、上昇トレンドを確認するのに押し目（一時的な下落）を待つ。その後、半値押しでとどまったのを確認して買いで入る。

そうすると、上昇トレンドであることの「だまし」が少なくなる。ここが下ひげだったり大きな陽線だったりする場合は「だまし」である確率はより低くなる。そして、半値押しで買ったが、今度は戻りが鈍く上げ幅が半値に到達せずに下げてきた場合は、ドテン売りの局面だ。売らないまでも買いはそこで手じまいとなる。半値という基準を加えただけでも売買の精度が上がる。

ドテン売り
買いポジションを決済すると同時に、売りポジションを持つこと。

だまし
チャートの形を見て売買を行っても、実際には真逆の動きをしてしまうポイントのこと。

▶売買判断

038 上方修正は出尽くしなことが多い

スキャル　デイ　スイング

▶上方修正が出ても決算で上がるとは限らない

上方修正は株価上昇につながる要素のひとつ。業績がよさそうな銘柄を調べ、上方修正狙いで買う人も多く、その先の決算に期待して買う人もいる。ただし、業績がよいだろうと見込む人が増えるほど、株価が先行して上がる。上方修正が織り込まれることで、仮に決算がよくても期待したほど上がらなかったり、出尽くしで売られる場合もある。

そのため、上方修正が出たら、素早く利益確定するのがベター。「このペースなら決算もよいだろう」といった期待を持ったり、実際に決算に向けて上がっていくこともあるが、出尽くしの下落に巻き込まれないことが大事だ。

上方修正後すぐに利益確定

松屋R&D（7317）　5分足　2021年3月12日～15日

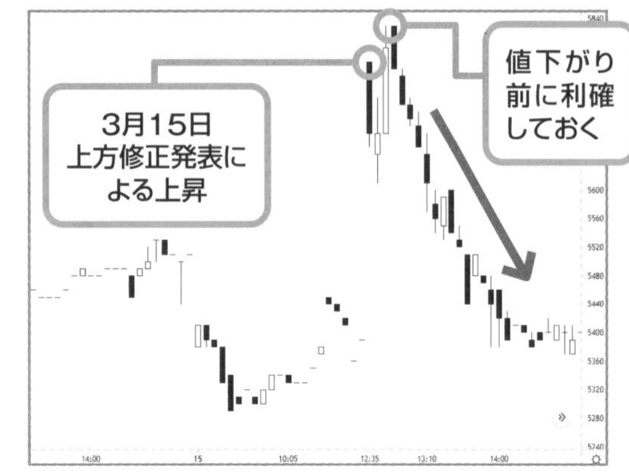

1
2
3
4
5

▶売買判断

039 いかに早く売買するかがカギ

信頼度高!!

▶勝負のカギとなるのは売買判断の「時間」

2020年初めから続くコロナ禍により、個人投資家が着実に増えている。なかでも、デイトレーダーの数はうなぎ登りに増加している。

近年､トレーダーの数が増加したことに加え､IT技術が普及したことにより、数十年前と比べて、勝ちにくくなっているといえる。情報を容易に得ることができ、個人投資家でもプロ投資家と同じような環境で取引をできるようになった。そうした規模が大きくなった相場では「情報量の差」を勝ちにつなげるのは難しいのだ。

そこで、情報を得やすくなった分、勝敗のカギを握るようになったのが､売買までの「時間」だと投資家の伊藤さんはいう。例えば、相場全体が上昇トレンドのなか下降気味だった銘柄が、移動平均線に触れず再び反発したら、すぐに買う。一方で、高値を更新せずレンジ相場になったら、すぐに売り抜けるなどのように、短期売買ではチャートから情報を収集し、いかに早く売買の判断をするかが重要になる。

情報収集をしやすい環境を整えて､スピード重視で売買しよう

▶売買判断

040

指値で売れなかったら成売も検討する

デイ　スイング

▶上昇力が弱い銘柄は早く売ったほうがよい

売りたい価格に指値注文していても、株価がそこまで上がってこないこともある。その場合は方針を変えて成行の売りに変えるのもひとつの方法。指値した価格まで上がってこないということは、そこで売れるはず」「そこまで上がってくるはず」という自分の考えが外れていたということ。自分が思っているよりも株価の上昇力は弱いため、狙った値段で売れる可能性は低い。また、上昇力が期待より弱いなら、売ってしまってもよいと判断できる。売りたい値段にこだわることで、せっかくの利益が消えてしまうこともある。いかに早く売るかが重要だ。

成売を検討する際のイメージ

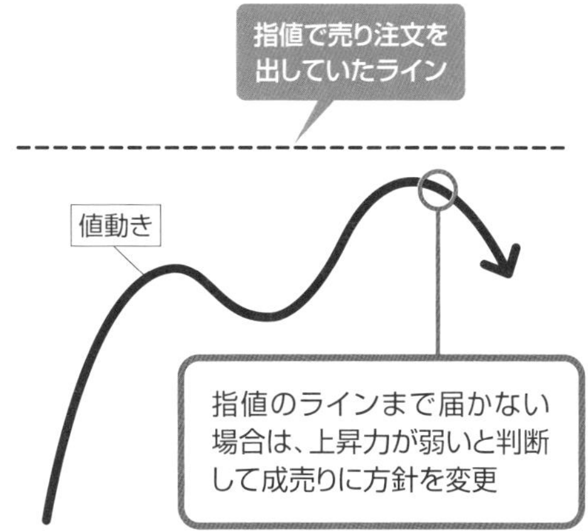

▶売買判断

041

リスクが大きい後場での売買は避ける

スキャル　デイ

前場の寄りからの1時間半で売買を終わらせておくことは、短期売買において最も守るべき鉄則だと投資家のVさんはいう。

1日の売買のほとんどがこの1時間半に集中しており、出来高も伴うことから値動きも大きくなりやすい。特に前場で指数が下がっているような状況では、後場で日経平均の動きにつられて個別株も下げていくことが多く、買いで参加するにはリスクが高い。

また、時間とリターンの関係で見ても、前場では引けまで5時間ありでリターンを出せる可能性があるが、後場での買いでは引けまでは2時間半しかなく、そこで売買してもリターンを出すための優位性が少ない。

▶売買判断

042

情報を暗記して時間を節約する

スキャル

スキャルピングなど、その場その場での瞬間的な判断が常に必要なトレードでは、相場の振り返りなどの記録を見返していると時間のロスになり判断の遅れにつながるケースも多い。

投資家のVさんは取引に必要な情報に関しては可能な限り暗記しており、PCなどにも残さないという。監視銘柄が多いと一苦労なので、まずは1～2銘柄に絞って意識的に暗記してみるのもひとつの手だ。覚えるべき情報（決算や材料があるか）は案外多くはないので、情報の取捨選択という面でもシンプルに絞れるようになるというメリットもある。

▶売買判断

043 投入資金を分割し複数回に分けて買っていく

信頼度高!!

▶上昇するシナリオを事前に想定する

株式投資全般にいえることだが、その日の底値をピンポイントで捉えて買い、そこからすぐ含み益になるトレードは理想的だが実際にはかなり難しい。そのため、どんな手法を使っていても「買ったら価格は下がるもの」と想定しておかなければ、買値からさらに価格が下がっていくのを見て、すぐにロスカットしたくなる心理に陥ってしまう。

そこで投資家のJACKさんは対策として、1銘柄における投入資金を分割し複数回に分けて買っていくという。例えば資金が30万円であれば3分割して、最初は10万円分を買い、以降、価格が下がるもしくは横ばいのタイミングで、残りの20万円を分割して買い増しするやり方だ。方法としてはナンピンではあるが、上昇するシナリオを事前に想定でき、資金を全額投入した後のロスカットのラインが明確であれば、投資戦略に組み込むことで損切りの頻発を防ぐことができる。

3
4
5

▶売買判断

044 板情報と歩み値での売買タイミングの掴み方

信頼度高!! スキャル デイ

▶デイトレードの基本 歩み値を確認

板は買いと売りの心理戦を表しているが、売り注文が厚くなっている場合でも、株価がなかなか下がらなかった場合に注目したい。

買い板が薄いにも関わらず株価が下がらない状態というのは、板に反映されていない買い需要があると推察される。この前提をもとに、機関投資家や大口投資家は売り板が厚い状態でも積極的に買いを進めていく。このとき、約定状況を歩み値で確認すると、厚かった売り板は買い勢力に負けて食われ、空売り勢は買い戻しに走ることになる。一気に買いの圧力が高まることで新規買いを集め、さらに株価は上昇する。デイトレードにおいて基本的であり、非常に重要なエントリーのヒントとなるだろう。

歩み値の確認方法

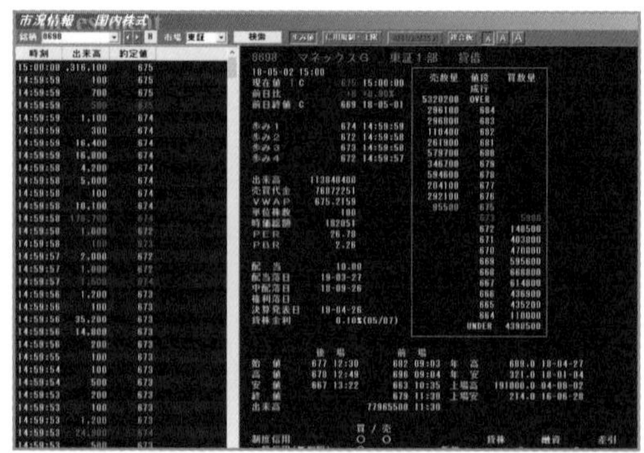

歩み値は楽天証券のマーケットスピードなどの、チャートツールを使えば確認できる。画面左が歩み値

▶売買判断 **045**

トレンドを把握し乗り遅れ銘柄で利幅を狙う

スイング

▶セクター毎で代表的な銘柄群を確認しておく

株価はその企業の業績や事業動向に関係なく、相場全体の浮き沈みによって上下する。為替や米国市場、経済政策といった外部環境が変化すると、関係するセクターに属する企業の株価が変動する。例えば企業の設備投資が活況である内容の指標が発表されたとすると、半導体製造装置メーカーや部品メーカー、工作機械メーカーなどの株価が買われる。ところがその流れに乗り遅れる銘柄が出てくるため、発表直後でなくても利幅を取っていくことが可能だ。この投資法で成功するためには、セクター毎の代表的な銘柄群を把握しておく必要がある。

乗り遅れ銘柄の見つけ方

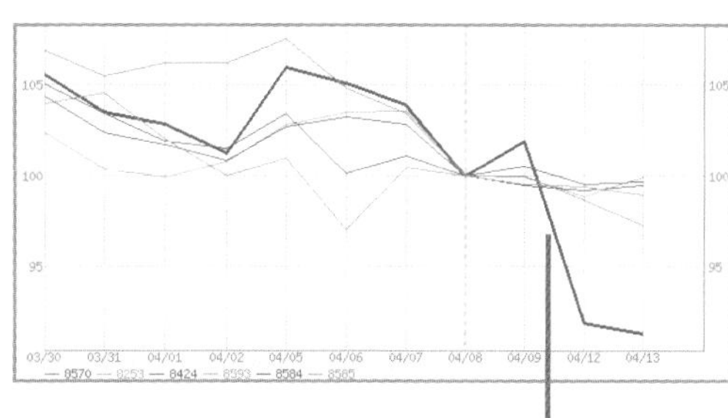

イオンフィナンシャルサービス（8570）が同業5社に対して乗り遅れている状態

「株マップ.com（https://jp.kabumap.com/）」では目的別ナビゲーションで乗り遅れ銘柄を検索する機能がある。上記シェアリングテクノロジーのような銘柄が、セクターに連動するのであれば利幅を取ることが可能

▶売買判断 **046**

黒字転換予想が出たら仕込む

信頼度高!! **スイング** **デイ**

▶割安な放置銘柄には問題があることが多い

日経平均が一時３万円の大台にのせるなど、株価はコロナショックの安値から大幅に上昇してきており、割高感すらも見られる。そうした状況では割安株を探したいところだが、割安で放置されている銘柄にはそれだけの理由があることも多い。構造不況業種や負の遺産を抱え込んだ企業などだ。それらはただの安い株であり割安ではない。ただし、その状況に変化がみられるなら大きなチャンスになる。

例えば業績の変化において、連続赤字に陥っていたような会社が、構造改革や需要動向の変化やそれに伴う市況の立ち直りなどにより黒字に転換するポイントは、市場が大きく評価することが多い。

発表される月次売上や同業他社の動向、構造改革についてのリリースを手掛かりに黒字転換の予想ができたら、決算発表時期の少し前に仕込んでおきたい。

健全な割安株を見つける

No.	コード	会社名	市場	株価	前日比	%	PER	PBR	配当利回り(%)	ROE(%)	時価総額(10億円)	25日乖離(%)	自己資本(%)
1	6501	日立製作所	東証一部	5,056.0	-136.0	-2.6	13.2	1.55	1.98	11.71	5,025	-2.67	31.82
2	3382	セブン&アイ・ホールディングス	東証一部	4,556.0	+20.0	+0.4	14.4	1.51	2.16	10.49	4,021	1.68	38.42
3	6702	富士通	東証一部	16,270.0	-240.0	-1.5	19.0	2.71	1.23	14.26	3,418	-0.39	38.93
4	5108	ブリヂストン	東証一部	4,406.0	-53.0	-1.2	12.0	1.46	2.95	12.14	3,182	-0.40	51.32
5	6326	クボタ	東証一部	2,551.5	-53.5	-2.1	19.5	2.09	1.41	10.70	3,148	1.80	46.28
6	2502	アサヒグループホールディングス	東証一部	4,549.0	-168.0	-3.6	15.2	1.52	2.40	10.03	2,392	-3.48	34.15

株マップ.COMミニチャート一覧（https://jp.kabumap.com/servlets/kabumap/Action?SRC=home/base）

▶売買判断

047 枚数コントロールを細かく繰り返せば損小利大になる

デイ　スイング

▶損切の金額を設定して損小利大を実現する

外れたときに小さくやられて、当たったときに、損失よりも大きな利益を出すことができれば、損小利大は実現する。外れたときには、いち早く枚数を減らしていく。やられたときにナンピンで枚数を増やすのはリスクを上げていく行為であり、避けるべきだ。

リスクは当たっているときにこそ上げていく必要がある。当たったときには枚数を上げていく。ノセるときには素早く。あとからノセた玉が損失になってきたら枚数を落とし、また順方向に動き出したら枚数を上げていく――。勝つ金額はコントロールできないが、損切りの金額はコントロールできる。枚数のコントロールを細かく繰り返していくことで損小利大を実現していけるのだ。

枚数をコントロールしていく

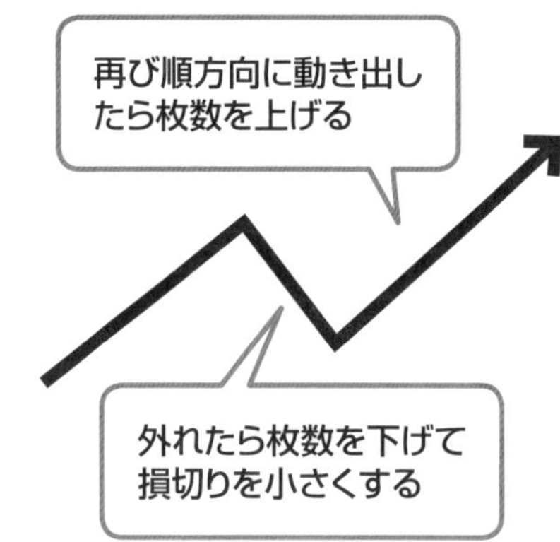

▶売買判断

048 9時20分までのGDの下げを指値で取る

デイ

▶損切り注文は安値にしっかり入れておく

寄り付き後にGDした場合、特に長い時間軸で上昇トレンドが出ている銘柄などは、GDでつけた安値が底になり上昇していくことが度々ある。

そのため、あらかじめ指値で前日よりも低い価格に注文を入れておき、9時20分までに約定すれば、その後の上昇を利益にすることができる。ただし、GDから本格的な下げに入るケースもあるため、注文後に前回の安値を基準に損切り注文を置いておき、損失を広げない工夫が必要となる。

上昇トレンドにおけるGD

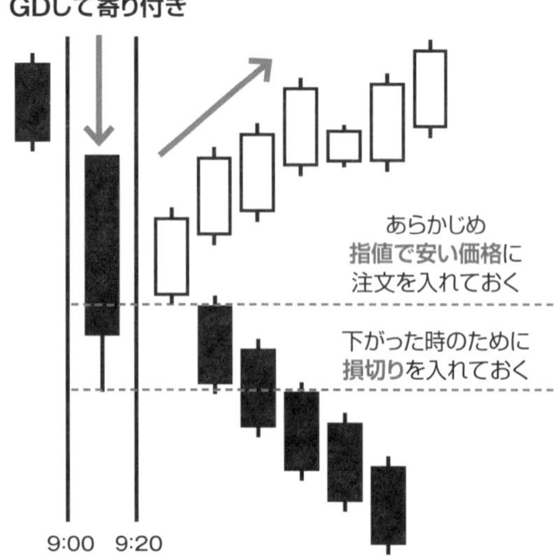

▶売買判断

049

流動性の低い銘柄で短期売買すると損が膨らむ

▶売買高が買いたい株数の100倍あるかどうかが目安

短期売買の手法は、デイトレードやスキャルピング、スウィングトレードなどがあるが、数秒から一日、長くても一週間という短期売買では、大きな値動きで儲けるというより小さな値動きで利ザヤを取っていこうとするのがより現実的だろう。

そのために必要なのは、いかに取引が活発かどうかを見ておく必要がある。買いたいタイミングで買えなければエントリーできないし、売るべきタイミングで売れなければ、損が膨らんでしまうといったことが起こりかねないからだ。流動性の高い低いは投資家の主観にもよるが、おおよそ売買高（出来高）が買いたい株数の100倍以上あるか、というのが目安とされる。

☰出来高の一覧を見る

出来高 全市場 デイリー　最終更新日時：2021年4月22日11時08分

1〜50件/3997件中　シェア　ツイート

順位	コード	市場	名称	取引値		前日比		出来高	掲示板
1	7647	東証2部	(株)音通	10:42	30	0.00%	---	74,683,900	掲示板
2	1514	東証1部	住石ホールディングス(株)	11:08	166	+28.68%	+37	33,798,700	掲示板
3	1357	東証ETF	(NEXT FUNDS) 日経ダブルインバース上場投信	11:08	419	-3.68%	-16	28,582,550	掲示板
4	9318	東証2部	アジア開発キャピタル(株)	11:07	8	+14.29%	+1	23,959,400	掲示板
5	8306	東証1部	(株)三菱UFJフィナンシャル・グループ	11:08	570.7	-0.11%	-0.6	17,661,500	掲示板
6	8698	東証1部	マネックスグループ(株)	11:08	885	+1.14%	+10	12,031,000	掲示板
7	4689	東証1部	Zホールディングス(株)	11:08	541.5	+0.19%	+1	10,567,300	掲示板
8	1360	東証ETF	日経平均ベア2倍上場投信	11:08	1,021	-3.77%	-40	8,269,910	掲示板
9	9434	東証1部	ソフトバンク(株)	11:08	1,453.5	+1.86%	+26.5	7,927,900	掲示板
10	8585	東証1部	(株)オリエントコーポレーション	11:06	144	0.00%	---	7,244,400	掲示板
11	3647	東証2部	(株)ジー・スリーホールディングス	10:02	507	+18.74%	+80	7,151,200	掲示板
12	4755	東証1部	楽天グループ(株)	11:08	1,316	+4.53%	+57	7,035,400	掲示板
13	7211	東証1部	三菱自動車(株)	11:08	287	+2.14%	+6	6,850,300	掲示板
14	8918	東証1部	(株)ランド	11:02	12	0.00%	---	6,768,000	掲示板
15	5020	東証1部	ENEOSホールディングス(株)	11:06	464.5	-0.64%	-3	6,371,900	掲示板

Yahoo！ファィナンス出来高ランキング（https://info.finance.yahoo.co.jp/ranking/?kd=3&tm=d&mk=1）

▶売買判断

050

進捗率を見て上方修正の瞬間を狙う

信頼度高!!　**スイング**

▶第1四半期で進捗率が高い銘柄は上昇可能性あり

第２四半期や第３四半期決算の発表時期には、年度の業績予想の達成度合いや進捗率が注目される。特に本業の好調さを示す売上高と営業利益の進捗率を見るとよい。

例えば株探の第３四半期累計「経常利益の通期計画に対する進捗率ランキング」では第３四半期累計の通期予想に対する進捗率が75％以上という条件で簡単にスクリーニングすることができる。こうした好業績銘柄を中期で持つのもよいが、もう少し短期で参戦するには、上方修正のタイミングを狙うようにしよう。

例えば第１四半期で進捗率の高かった銘柄をスクリーニングしておき、２カ月ほど寝かせて第２四半期決算発表の少し前に買う。第２四半期でも業績好調が確認され、うまくいけば上方修正される可能性があるからだ。第１四半期で好業績を受けて買われ、その後休んでいる銘柄なら買いに適しているだろう。

▶売買判断

051 短期でも大きなトレンドを把握する

デイ　スイング

▶地合いのよし悪しに合わせ売り買いのバランスを調整

中長期の投資と比べて、短期売買は地合いの影響を受けにくいのが特徴だ。地合いと連動しない銘柄を選ぶことでさらに影響を抑えることもできる。ただし、地合いのよし悪しをまったく無視できるわけではない。

デイトレの場合、地合いがよければ買いで取りやすくなり、悪ければ空売りで取りやすくなる。そのような追い風を生かすためには、チャートの時間軸を大きくして相場全体の値動きを把握することが大事。例えば地合いが悪いときは空売りのトレードを中心にしたり、買いポジションの保有時間を短めにする。

スイングの場合も同様に、上げ相場なら買いポジション多め、下げ相場なら売りポジションを多めにするというバランス調整が大切だ。

☰相場全体を確認する

日経平均株価　日足　2021年2月~4月

上げ相場では買いポジションを多めに

下げ相場では売りポジションを多めに

▶売買判断

052 物流のREITでコツコツ稼ぐ

デイ　スイング

▶分配金の支払い月にさらに上昇する

2021年４月現在も、コロナ禍の自粛生活の影響で物流業界はこれまでにないほど利益を得ている。物流のREITは短期投資より中長期投資向きだと考える人も多いかもしれないが、コロナ禍だからこそ、試してみる価値はあるだろうと投資家の伊藤さんはいう。

例えば、物流特化型リートとして知られるCREロジスティクスファンド投資法人（3487）や日本ロジスティクスファンド投資法人（8967）は、コロナ禍でも株価が右肩上がりとなっている。CREロジスティクスファンド投資法人は2020年７月から2021年３月にかけて高値圏のレンジ相場が続いていたが、分配金の支払い月である４月に上抜けし、再び上昇トレンドとなっている。

2021年４月現在、物流REITは、価格が上昇し続けているため、「短期で、買値より○○円上がったら売る」というシンプルな作業をコツコツと続けることができれば、その差額で確実に儲けを出せるのだ。

☰分配金支払い月に上抜け

CRELF投資法人（3487）　週足　2020年4月~2021年4月

▶テーマ

053 業績への影響が読みにくいものほど値幅が取れる

デイ　スイング　リスク大!!

▶短期トレーダーが多い銘柄は需給も併せて考える

短期トレーダーが多い銘柄は、ボラティリティが大きくなりやすく、株価がオーバーシュートすることも多い。

そのなかでも、材料と業績の影響が読みにくいものや、材料の意味や価値がわかりにくいものほど、そうなる可能性が高くなる。例えばバイオ関連銘柄は、トレーダーのなかに医療・医薬に詳しい人が少ないため、思惑や需給のバランスによって急騰することが多い。最近は暗号通貨関連も材料（取引所事業を始めるなど）の影響で大きく動くが、これも業績への影響が読みづらいためと考えられる。値幅を取りに行く場合は、そのようなボラティリティの動きがある銘柄であるかどうかを、確認したうえでいくのが狙い目だろう。

▶売買判断

054 平均分配利回りが下がればREITも視野に

信頼度高!!　デイ　スイング

▶REITの短期売買で平均分配利回りの底をとらえる

値動きが安定していて、利回りが高いため安心して保有できる金融商品として知られているREITは、長期投資だけでなく、短期投資でも有効な場合があると投資家の伊藤さんはいう。

2021年４月現在、不動産REITの平均分配利回りは3.5％となっている。これまでで最も高かったのが2011年12月の6.17％だ。ここで比較するべきは、1986年から1991年まで続いたバブル経済期の数字だ。バブル経済当時の不動産REITの平均分配利回りは３％ほどであった。

この割合が低いほど、少ない資金で分配金を手に入れることができるしくみとなっているため、REITで利益を出しやすくなる。

短期売買でREITを保有する場合、瞬時に判断して売買することで、利回りの数字が大きくなり始めたらすぐに売ることができる。不動産REITにおいて最も利益につながりやすい平均分配利回りの最低値をとらえることができ、少ない資金で分配金を得られるのだ。

2021年４月現在では、今すぐに買えば利益になるとはいいきれないが、好景気といわれたバブル期の数字に近づいていることはたしかである。株価バブルが続けば、今後も下がっていくことも考えられるため、REITの短期売買は有効だろう。

▶材料

055

火山の噴火でなぜかドーン（2303）が急騰する

信頼度高!! リスク大!!  期間限定

　最近では、SNSが投資のツールとして一般化し、情報が一気に拡散されることが多くなっている。実際には企業業績に何の影響がなくても、なにかきっかけがあれば、イナゴタワーが形成される。

　そのきっかけのひとつとして、ザラバ中の火山の噴火がある。このときに急騰しやすいのが、ドーン（2303）だ。身近に起こる危機や 緊急時に伝えたい情報を高速で大量に一斉配信できるメールシステムなどを提供はしているので防災関連といえなくはないが、火山の噴火では業績に好影響はあるはずもない。しかし、社名の「ドーン」が、火山の噴火を連想させることから、過去の桜島などの噴火時にイナゴタワー形成している。

▶売買判断

056

相場の勢いを読んで損切りせずに勝率を高める

スキャル  デイ  リスク大!!

　売買時の戦略としてよくいわれるのが、５％下がったら損切り、10%上がったら利確というように、あらかじめ利確と損切りの幅を設定しておき、機械的に売買するというもの。

　これは、感情に寄らないトレードができるため一見よい戦略に見えるが、短期売買においては、こうしたルールを設定すれば必ずしも上手くいくわけではないと投資家の立野さんはいう。というのも、相場には勢いがあり、何をやっても儲かるときとそうでないときがあるため、勢いを無視してルールに従っていては損切りを繰り返し、じり貧になってしまう。そのため、勢いを読み、損切りしないポジション取りを考えて勝率を高めることが、最も重要だ。特にスキャルピングでは、勝率90%を目指して儲かる場所・時間選びを優先したい。

▶売買判断

057

順張りの人は逆張りを真似ない

デイ スイング

▶培ってきた相場への見方はなかなか変わらない

　レンジ相場のときは逆張りが有効に機能するから逆張りをしてみようと思い、挑戦してみるのもよいが、元来順張りスタイルの人が逆張りを真似てみても、逆張りの人の真骨頂である、抜けそうなところで逆張りをして我慢するという姿勢が、順張り発想の人には真似しきれずに悪い結果になってしまうことがある。

　上下に抜けそうと感じるところをどう判断するかで、手法は分かれる。自分の手法ではないやり方をうまく真似しているつもりでも、相場の根本的な見方は変わらない。順張り目線で相場を見ていて逆張りしたくなる動きになったと感じたら、その相場は捨てるぐらいの覚悟で相場に臨んだほうがよい。

レンジ相場でも投資方法は変えない

自分の投資方法に合わない相場に参加するときは、捨てる覚悟をもつこと

▶テーマ

058

ニュースからテーマ株を見つける

信頼度高!!

▶価格が上がるテーマ銘柄は身近に転がっている

コロナ禍の初期、ホームセンターやドラッグストア株が買われた。例えば「家で仕事をするために机が必要になり、ホームセンターに行ったら売り切れだった」というような自分の体験が投資のヒントになる。このように大きく伸びるテーマは身近にあることも多いのだ。

テーマ株を見つけるうえでヒントになるのは日経新聞だ。関連記事を特集のように集中して掲載することがあるため、大きなテーマ銘柄についてのニュースが増えてきたなと思ったら、注目度を上げていきたい。

ただし、ＥＶ（電気自動車）なども最近の大きなテーマといえるが、こうした長いテーマの場合関連銘柄はいつ動くかわからないため注意が必要である。

みんかぶでテーマ株を探す

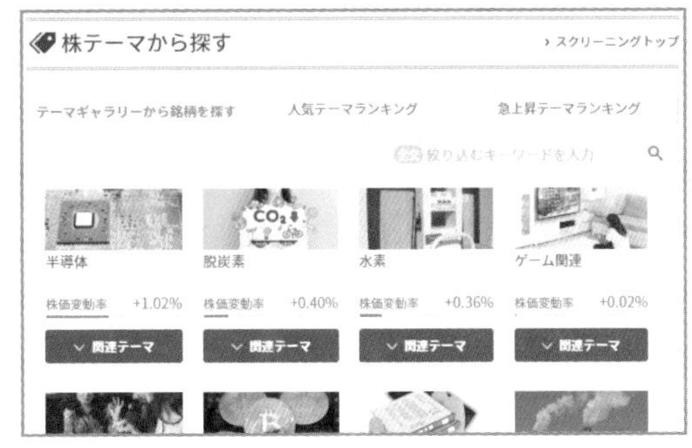

みんかぶの銘柄スクリーニング（https://minkabu.jp/screening/theme）

▶テーマ

059

予算案からテーマの実現性を把握する

信頼度高!!

▶情報システム関連予算増でデジタル関連銘柄に期待

「国策に売りなし」という格言があるが、政策は投資テーマの素になる。これは日々のニュースに加え、省庁のホームページが参考になる。内閣府、経産省などかなり詳しく出している。さらにちゃんとお金を割り当てられるかどうかを予算で確認することもできる。

例えば昨年末の21年度予算案では、宇宙開発利用推進費が新規に割り当てられており、今後テーマ化する可能性を読むことができる。情報システム関連は予算が大幅増額されている。政府のデジタル改革への本気度がうかがえ、省庁に強いソフトウェアハウスなどが銘柄として挙がってくるだろう。

政府の関心ごとに注目し、今後伸びる銘柄を予測しよう。

政府予算案をホームページで確認する

令和3年度政府予算案

- 令和3年度予算のポイント
- 令和3年度予算フレーム
- 令和3年度一般会計歳入歳出概算（令和2年12月21日閣議決定）
- 我が国の財政事情
- 各予算のポイント
  - 内閣、復興、外務・経済協力係関係予算／概要
  - 経済産業、環境、司法・警察係予算／概要
  - 総務・地方財政、財務係関係予算／概要

https://www.mof.go.jp/budget/budger_workflow/budget/fy2021/seifuan2021/index.html

▶売買判断

060 ビットコインの価格をザラバ中に見ておく

信頼度高!!

▶名の知れた銘柄は流動性が高い

暗号通貨への世の中の関心が高い。全世界での時価総額がどれだけに達したなどのニュースで関連銘柄が反応する。

また「テスラ社が決済時にビットコインを使えるようにした」など企業の利用状況も手掛かりになる。

仮想通貨のうち最も有名な「ビットコイン」の価格をザラバ中に見ると、関連銘柄の短期的な値動きと連動していることがわかる。また、土日も動いているため、その間に動いた分をチェックしておけば休み明けの相場に備えられる。関連銘柄は数十個あるが、2021年４月現在におけるマネックスなどの名の知れた銘柄は流動性が高く扱いやすいため、積極的に狙うのもよいだろう。

株探で仮想通貨関連銘柄を調べる

銘柄 ▽▲	株価 ▽△	前日比 ▽△	PER ▽△	PBR ▽△	利回り ▽△
1400（J G）ルーデン	330	-10 -2.94%	62.2倍	1.64倍	—%
2307（東 1）クロスキャト	1,078	0 0.00%	26.1倍	2.38倍	2.04%
2315（J Q）C A I C A	39	+4 +11.43%	1,950倍	2.73倍	—%
2330（J Q）フォーサイド	116	0 0.00%	30.5倍	3.50倍	—%
2743（J Q）ピクセル	113	-2 -1.74%	—倍	3.02倍	—%
3121（東 2）マーチャント	332	+10 +3.11%	30.8倍	2.82倍	0.60%
3690（東M）イルグルム	1,448	+51 +3.65%	43.6倍	6.99倍	0.31%
3691（東M）リアルワルド	636	+1 +0.16%	—倍	2.40倍	—%

株探のテーマ株一覧（https://s.kabutan.jp/themes/%E4%BB%AE%E6%83%B3%E9%80%9A%E8%B2%A8/?market=all）

▶売買判断

061 TOPIX型の株価に合わせた日銀の動きを見る

信頼度高!!

▶TOPIX型銘柄が30%下落すると日銀が介入する

株価が大きく下落すれば、歯止めをかけるために日銀がETFに買いを入れる。しかし、すべてのETFを日銀が買うわけではない。2021年３月までは、指数の構成銘柄が最も多いTOPIX型が75％とTOPIX、日経225、JPX日経400の３指数が25%で構成されていたが、2021年３月に、より効果的で持続的な金融緩和をしていくため、日銀によるETF買いは、TOPIX型100%の構成に変更となっている。

TOPIX型の株価が一度に大きく下落すると、TOPIX型に介入することが予測される。実際に2020年３月のコロナ禍では高値に対し、30％以上の下落があった際に、日銀が介入した。この方針は今後も続くため、30%を売買判断の目安として持ちながら、TOPIX型の株価推移と日銀介入の動きを、把握したい。

非常時には日銀が介入する

感染症蔓延で経済が縮小　買い
↓
日銀が介入
↓
株価が上昇する　売り

日銀の介入で上がった株価のおかげで利益獲得!

▶IPO

062

コンサル事業者の投資するIPO銘柄に注目する

信頼度高!!

▶上場企業2社がいるIPOは必ず押さえておく

IPOは、公開株を購入する権利が得られれば儲かる可能性が高いが、銘柄によって初値騰落率が異なる。

また、当然その後の株価推移も異なる。

基本的には、創業者や、従業員・役員、取引先、ベンチャーキャピタルが株主となることがほとんど。そのなかでも、「この株主がいれば株価が騰がりやすくなる」という株主が、ベクトル（6058）とリンクアンドモチベーション（2170）の上場企業２社。

ベクトルは企業PRメインビジネスの企業、自社のクライアントのなかで、PRを担当して有望な商品・サービスをもつ企業に自己資金で未公開株に投資を行っている。実際に自社でPRして手ごたえを感じている商品・サービスだからこそ投資することで、大きく成長する可能性が高いといわれている。

また、リンクアンドモチベーションは、組織・人事・IRなど経営コンサルティングを行っており、コンサルティング先で有望な企業に投資している。

現在、ベクトルが大株主として名を連ねるPRタイムス（3922）や、リンクアンドモチベーションが大株主として名を連ねる幼児活動研究会（2152）は、株価が上昇する可能性がある銘柄といえる。

▶損切り

063

予想が外れたら損切りする

信頼度高!!

▶確率50％でも損切り<利確なら勝てる

短期売買では、買った（空売りした）ときの方針を途中で変えてしまうことで、損失が膨らんでしまうことが多い。例えば、デイトレで買って値下がりした銘柄を持ち越したり、損失補填のために予定外のナンピンをするといったことがその典型例といえる。中長期で保有するつもりであればナンピンなども有効だが、短期売買では損切りが必須。どんなにうまい人でも値動きを100％当てることは不可能だ。確率的には２回に１回は外れる。重要なのは、外れたときに素早く損切りできるかどうか。「損切りによる損失<利確した額」なら、確率が50％でも勝てるだろう。

勝率はあまり重要でない

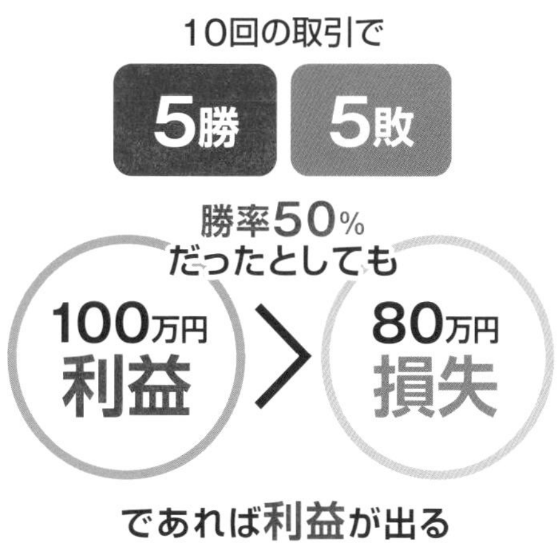

10回の取引で

5勝　5敗

勝率50％だったとしても

100万円 利益 ＞ 80万円 損失

であれば利益が出る

▶IPO

064

IPOチャレンジポイントは家族口座を活用する

信頼度高!!

▶みんなで申し込めば人数分のポイントがつく

IPOのブックビルディングに参加するためには基本的に抽選に当たる必要があり、特に人気銘柄のブックビルディングには多くの申し込みが入るため、当選確率はかなり低くなる。ただし、SBI証券はブックビルディングの抽選に外れると「IPOチャレンジポイント」が加算され、SBI証券が主幹事の銘柄であれば現状500ポイント程度を使うことで当選確率をかなり上げることができる。

とはいえ、IPOチャレンジポイントはマメにIPOに申し込んだとしても、貯められるのは多くて70ポイントが限度だ。しかしこれは1口座で行った場合であり、家族にも口座を作成してもらい、同じように申し込むことで人数分のポイントがつくためより早くポイントを貯めることが可能になる。

ただし、家族であっても、別名義の口座を使って他人が取引してしまうと違法（未成年は問題なし）なので、その点は注意しておこう。

▶IPO

065

初回口座開設でIPOの当選確率が上がる

信頼度高!!

▶資金量が少なくても参加できる優先抽選枠

IPOのブックビルディングへの参加は基本的に抽選だが、例外として各証券会社ごとに「証券口座に多くの資金を入れている」「証券会社から薦められる金融商品を購入する」といった人が裁量当選する枠がある。

上記はある程度資金量がないと不可能だが、そうした裁量枠のひとつに「初回口座開設を行った人」がある。すべての証券会社に当てはまるわけではないが、この条件であれば資金量が少ない人や、メイン口座は動かしたくない人などでもハードルは低い。

より徹底したい場合は、初回口座開設でIPOに申込み、抽選が当たったらしばらくして解約し、1年後に別支店で再度口座開設するという方法もある（都心など複数の支店がある場合限定）。開設口座を増やすと細かな事務作業が発生するが、当選して得られるメリットが多いと判断できれば開設するのもよいだろう。

IPOのブックビルディングに当選しやすい条件

❶証券口座に多くの資金を入れている人

❷営業マンにおすすめされる金融商品を多く買っている人

❸初回口座開設を行った人

ブックビルディング

投資家がIPO株をいくらで何株買いたいかを証券会社に申告すること。申告された内容から取締役会で1株あたりの新株発行価格が決まる。

▶IPO

066 IPO銘柄に応募して価格差で利益を得る

信頼度高!!

▶当選したら まず売り逃げる

IPO銘柄は、大きく２つの値動きに分けられる。ひとつは①最初が高値でその後は下がり続ける銘柄だ。もうひとつは、②最初が安値でどんどん上がっていく銘柄だ。

近年は、①の傾向が多い。そのため、IPOに当たった場合はすぐに売り、公開価格と初値の差で儲けを出すのがよいだろうと投資家の伊藤さんはいう。

例えば2020年11月に上場した、MITHD（4016）は公開価格が690円に対し3590円の初値を付けている。同社の値動きは、最初が高値でその後は下がり続けるという①の特徴があるため、MITHD（4016）は当選後すぐに売るべきIPO銘柄の典型例といえる。

コロナ禍が影響している2021年はIPO銘柄に注目しながら、当選した場合はまず、売り逃げることを考え、確実に利益を得られる手法をとるのがおすすめだ。

最初が高値でその後急落

MITHD（4016） 日足 2020年12月~2021年4月

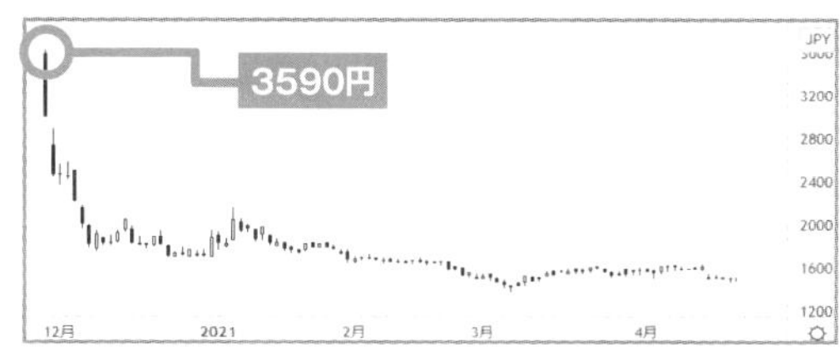

▶IPO

067 上場後2カ月~半年のIPO銘柄を狙う

信頼度高!! デイ スイング

▶価格が横ばいの間に 買いを入れる

IPO銘柄の特徴として、一度下がると２カ月から半年ほど下がり続け、その後安値のレンジ相場入ることが多い。特に近年のIPO銘柄は最初が高値でその後は下がり続ける傾向にあるため、IPO銘柄を狙う際は上場後２カ月から半年の価格を売買判断の目安にするとよいだろう。

例えば、フォーラムエンジニアリング（7088）は2020年６月に下降トレンドに転換し、８月に底を迎え、その後９月から2021年１月までレンジ相場となっている。この５カ月ほどのレンジ相場で買っておくと、３月中旬に迎えた高値での利益につなげることができる。

短期売買では特に「上場後２カ月～半年のレンジ相場にあるIPO銘柄」を選ぶと利益につなげやすいのだ。

IPO銘柄の急騰に備える

フォーラムエンジニアリング(7088) 日足 2020年6月~2021年5月

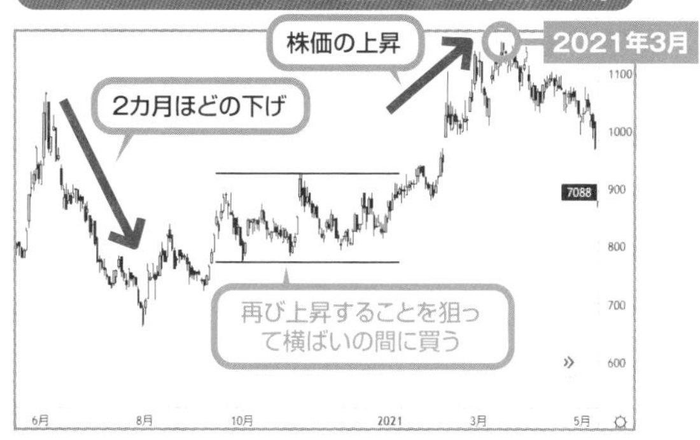

▶IPO

068

系列証券会社を使ってIPOの当選確率を高める

信頼度高!!

▶条件を満たす場合 再抽選に参加できる

IPOのブックビルディング参加の抽選確率を高めるテクニックとして、大手証券の系列会社から申し込むという方法もある。

例えば、ネット証券会社のCONNECTでは、IPOの販売数量の70%を完全抽選し、この抽選で外れた顧客を対象に、残りの30%を「5つの優遇条件」で絞り込み、再抽選している。

再抽選で当選するには、5つの優遇条件をすべて満たす必要はないが、各条件とも比較的ハードルが低いので、仮に抽選を申し込む場合はできるだけ満たしておいたほうがよい。また、抽選に外れた場合も抽選券をもらうことができ、優遇条件の該当数に応じて付与数が大きくなる。

CONNECTの5つの優遇条件

❶39歳まで

❷NISA口座またはつみたてNISA口座を開設済み

❸信用取引口座を開設済み

❹信用取引の建玉を保有している

❺投資信託（ETF、REITを除く）の残高を保有している

出所：株式会社CONNECTホームページ

▶IPO

069

セカンダリー投資の上昇局面での攻め方

デイ

▶ストップ高の少し手前で 逆指値注文を入れておく

いまのIPOは、公募よりも初値のほうが高くなるケースがほとんどであるため、上場直後に買っても、値上がりする確率が高くなる。ただし、初値がついてからの値動きは読みづらく、そもそも初値が高いのかどうかも判断しづらい。そこで、初値からさらに上がりそうな場合は、買いの逆差しを使って、上昇に乗る。

例えば、初値40万円であれば、47万円でストップ高になる。その少し手前（46.5万円くらい）くらいに逆指注文を入れておく。

逆指値で複数買うことができ、うまくストップ高までいった場合は、PTSや翌日の寄り値で売って利益確定する。PTSの期間や翌日以降に株価が上がることが多いのだ。

上昇局面のIPOのイメージ

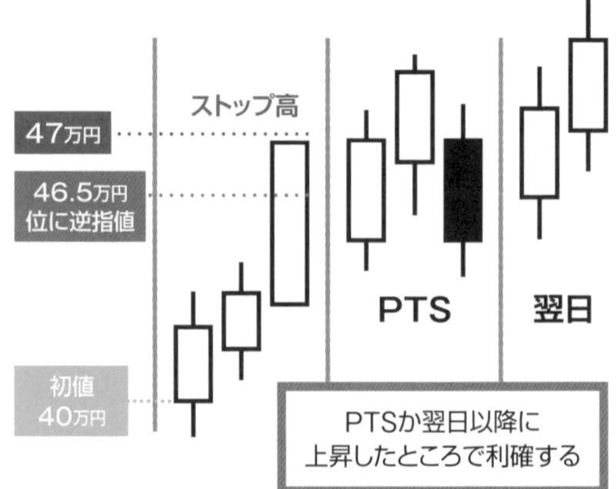

セカンダリー
IPO上場日後に買い付けをすること。新規上場後はどんどん値上がるため、IPOに当選しなくても大きく利益を得られる可能性がある。

PTS
証券会社を介さずに株式を売買できるシステム。証券取引所の開場時間外でも株式取引ができる。

▶IPO

070

セカンダリー投資の下落局面での攻め方

デイ　スイング

▶いったん下落したIPOは反発からの上昇を狙う

IPOは、初値以降も上昇して高値を取りにいくこともあるが、地合いなどの影響を受けて落ちてくることもある。そのようなときは、高値の上抜けを目安にして買いの逆指値を入れておく。例えば、初値40万円、高値42万円をつけた後に30万円台まで下がった場合、どこまで下がるかわからないため安易には買いづらい。そこで、反発して新高値を更新するかもしれない可能性を考えて、42万円で買いの逆指値を入れておく。

そのまま下がっていくようであれば放置し、再高値更新を目指すようであれば、その勢いに乗って上昇利幅をとろう。

高値に逆指値を入れておく

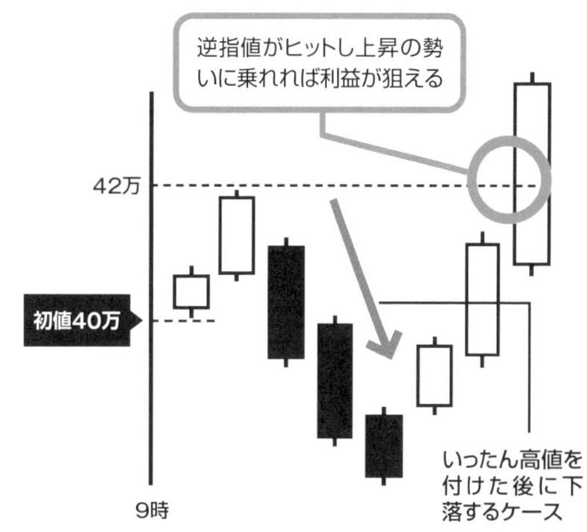

▶IPO

071

セカンダリー投資でヨコヨコは打診買い

デイ　スイング

▶下落リスクが小さいときに見直し買いを見越して打診買い

初値から落ちてきた銘柄は、どこまで下がるかわからず、買いづらい。反発する様子がなければ、そのまま出来高が減っていくこともある。そのような銘柄は、株価がヨコヨコになるまで待つようにしよう。

株価が下げ止まると、そこからさらに下がる可能性が小さくなるので、比較的安心して買えるだろう。最初の決算がよかった場合などは、あらためて買い手が増えることもある。

また、企業としては株価が下がっている状態を放置しておくわけにいかないので、例えば優待を新設することもある。そのような可能性を考えて、打診買いをするのが狙い目である。

ヨコヨコからはさらに下がる可能性が小さい

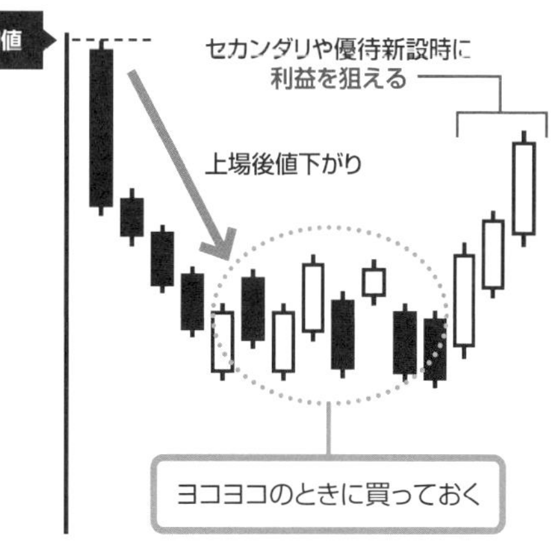

ヨコヨコ

株価が上昇も下降もせずに、横ばいが続いている状態。

▶売買判断

072

権利日に向け2~3カ月前から先回りしておく

信頼度高!! スイング

▶あらかじめ株価の上昇を見越して買っておく

「株主優待の人気銘柄は権利日に向けて株価が上昇しやすい」という傾向を利用してトレードに活用する場合、あらかじめ株価の上昇を見越し先回りして買っておくという方法もある。

目安としては権利日から遡って、2~3カ月前だ。優待銘柄のこのような傾向は相場において広く知られており、高値掴みをしたくない投資家は、あらかじめ権利日付近の株価上昇を見越して先回りして買い始める。

銘柄によって動きが出始めるタイミングには差があるが、おおよそ権利日から2~3カ月前が目安となる。この動きに合わせて仕込んでおくと、権利日付近の上昇によるキャピタルゲインを取ることができる。

権利確定日前の上昇

オリックス(8591) 日足 2020年2月~4月

▶材料

073

寄り付き後はGD・GUに絞る

信頼度高!! デイ

▶大口投資家の視点に合わせて買いで入る

大口投資家が取引する銘柄に絞った状態で場が始まった際に最も注目すべきがGD、GUだ。特に投資家のVさんの経験ではGDのほうが勝率が高いという。GD銘柄で買っていく場合に重要なのがその理由を精査することだ。例えば、下方修正や、前日ストップ高につながった材料を否定するような情報を企業側が出してきた場合以外で、なぜか寄り付き後に売っている人がいるケースのGDはかなり狙い目になるとVさんはいう。

前日のストップ高で買い上げた人のなかには個人が高値で捕まっているケースも含まれるため、GDで始まるとそうした人たちは含み損になる。それを戻そうとする力のある大口投資家の立場で考えてみると、寄り付きから大量に売られるという状況では下で買えるのであれば問題がなく、今後価格を上昇させていく際にネガティブな材料にならない。

だからこそ、上昇相場が始まって間もない段階でGDしても買い上げられることは多く、Vさんもその大口投資家の視点にあわせて買いで入るのだという。

▶材料

074

みんなが見ているポイントは常に確認する

スイング　スキャル

▶時間軸を常に確認して判断材料にする

投資家のVさんは短期売買においてチャートを確認する際、複数の分足チャートと出来高を照らし合わせているという。こうした時間軸は短期売買を行う際に市場参加者のほとんどが確認しているポイントであるため、自分がトレードするか否かを問わず、常に確認して判断材料にしたほうがよい。

また、「みんなが見ている」という意味ではチャートツールでデフォルトで表示されるような5日移動平均線なども同じだ。これは「5日移動平均線で価格が反発しやすい」といった定説が多くの市場参加者に共有されている前提がある。

例えば、5日移動平均線より上にある価格が5日移動平均線に向かって落ちていったとする。この下落が前触れもなくストンと落ちるような形であれば定説に従って買いで入る市場参加者も多いと想定して、こちらも買いに回るという選択は悪くはない。ただ、価格が緩やかに下がりながらサポートラインを形成しつつ5日移動平均線にタッチするような場合は、サポートライン付近の買いを避けるVさんの条件に合致しないため、売買しないと判断する。

▶売買判断

075

優待のつなぎ売りは1カ月前が目安

信頼度高!!　スイング

▶空売りは保有期間中に金利がかかる

株主優待目当ての取引を行う際に、「つなぎ売り」というテクニックを使うと効率的に株主優待を獲得することができる。制度信用銘柄は状況次第で逆日歩がつくことがあるため、つなぎ売りを行う際には基本的に一般信用銘柄を使うことになる。

ただし、一般信用銘柄は各証券会社ごとに在庫が限られており、現在ではつなぎ売りのテクニックも相場で広く知られているため、権利日前には在庫がなくなっていることも多々ある。

そのため、銘柄によって状況は異なるが、傾向として権利確定日の1カ月前（銘柄によっては2カ月前）には徐々に空売りを行う投資家が増えるため、その動きに合わせて、少なくとも1カ月前がつなぎ売りを行う目安となる。

ただし、空売りは保有期間中に金利がかかるため、優待の利回りと金利の差額を事前に計算しておかないと、金利分で損が出る可能性もあるので注意が必要だ。

つなぎ売り
現物の買いと空売りを併用して権利日付近の値下がりを相殺する売り方。

▶材料

076 判断材料を絞り込んで効率化する

信頼度高!! デイ

▶材料の検証を繰り返して勝率の条件を決める

株投資は自分の決めた条件を満たすまでじっくりと待つことができるが、投資家のVさんはその重要性を認めつつも、特に短期投資は、エントリーするための条件を複雑にしすぎて、それを満たす場面まで待ち続けて機会損失を続けるよりも、それぞれのトレードにおいて、各人の経験から勝率が80%程度と考えられるのであれば、多少条件が整っていなくてもエントリーしてもよいと考えている。

Vさんの場合、判断基準はまず前日ストップ高の銘柄から、寄り付きでGD・GUしているものを選び、次にサポート・レジスタンスラインを引く。大まかにいえばこれだけの作業で「手を出さない時間かどうか」絞り込めるという。

Vさんはこれまでの経験から、これらの条件をシンプルかつ最も勝率の高いものととらえているが、重要なのはそのまま真似するのではなく、検証などを行い、自分のなかで勝率80%以上という確信が得られているかどうかだ。

エントリー条件 Vさんの例

- 前日ストップ高をつけている
- そこから寄り付きでGD、GUしている銘柄を選ぶ
- チャートに線を引く

1
2
3
4
5

▶売買判断

077 兼業投資家は10時までに売買する

信頼度高!! デイ

▶寄り付きから1時間までに取引をする

短期売買においては、時間軸が短くなればなるほど相場に張りつける専業投資家が有利だ。専業の場合、売買代金や出来高などを確認してその日に最も盛り上がっている場所にいられるようにすることが非常に重要である。

兼業のデイトレードで、専業と同じように相場に張りつこうとすると本業がおろそかになってしまい本末転倒になため、思い切って「売買は寄り付きから1時間まで」と時間を絞るのが、資金効率や売買する機会を逃さないため、最も効率的。ただ、その場合はテクニック023で投資家のVさんが行っているストップ高銘柄のように、前日の調査をしっかりと行い、取引する銘柄の絞り込んでおく必要がある。

寄り付きから1時間の売買が多い

野村HD（8604） 5分足 2021年4月8日~9日

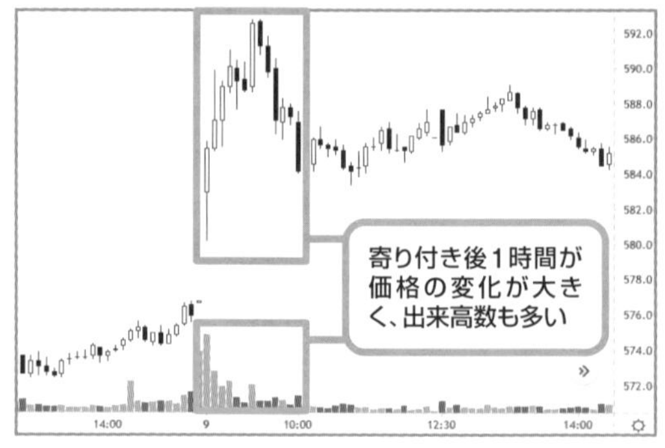

▶売買判断

078 寄り前の板情報はシナリオ作成に役立つ

信頼度高!!　デイ

テクニック073と関連して、寄り付き直後の大口投資家の玉のぶつけ合いを重視する場合、寄り前の板情報は確認しておいたほうがよい。

楽天証券の「フル板」を使えばその日の寄り付き前に出ている板情報を買い板、売り板どちらも確認することができる。

投資家のVさんは、寄り付き前に確認し、現在価格より上に大きな売り板がある場合、場が始まって上昇すると、買い上げた大口投資家がその売り板にぶつけて逃げることが多いため、「買い上げるとするとその価格周辺まで」と想定してシナリオを作成するそうだ。

▶材料

079 情報収集して騒がれるポイントを把握する

デイ　スイング

情報収集を行う理由は、監視している銘柄の「騒がれるポイント」を把握するのに役立つからだ。例えば、チャート上で現在値が800円で、新高値のブレイクが900円だとすると、そのあたりの価格帯にどれくらいの売り板があるのかを確認しておく。

その後急騰し、レジスタンスラインや節目を抜いてくるような動きがあると、Twitterや掲示板などでも騒がれる。特に売り板が厚い節目を抜けるとインパクトも大きくなるため、注目度も上がり価格の上昇も大きくなりやすい。騒がれる節目の枚数を事前に確認しておくと、価格動向を事前に想定できる。

▶売買判断

080 10時半以降は持ち越す銘柄の選定時間にあてる

デイ　スイング

▶10時半までに9割の取引を終わらせる

短期投資では、その日で最も売買が盛り上がる寄り付きから10時半までが勝負。投資家のVさんの場合、その日の売買の９割はこの時間までに終わらせているという。基本的にそれ以降の時間では大きな値動きがなくなるので、引けまでの残り時間を考えるとリターンを出すための期待値は低い。

もし10時半以降に売買するのであれば、その時間帯は「次の日に持ち越す銘柄を選定する時間」と区切るべき。というのも、持ち越す銘柄は、当日の動きを見ていないと翌日に強いのか弱いのかが判断しづらいからである。

売買と選定は時間で区切ろう

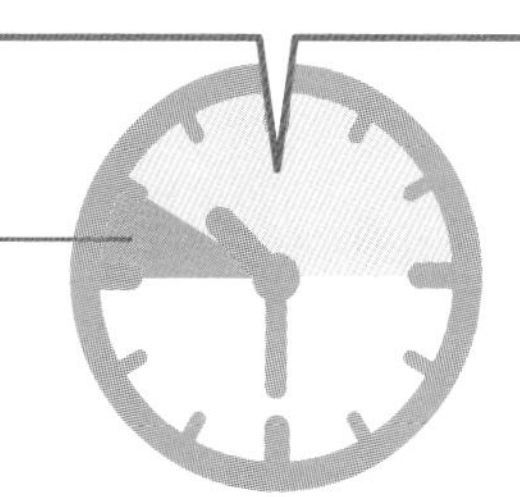

▶売買判断

081

TOBの話題は「噂の程度」に注目

信頼度高!!

▶突如発表されるため 予測するのは難しい

企業を買収する手段のひとつであるTOBは、一般に発表されると株価上昇の材料となる。2021年４月には東芝が英投資ファンドからTOBを提案されたことで一時5000円近くまで株価が上昇した。この例ではあくまで提案であり、合意に達していないが、それでも市場には好材料として捉えられた。TOBは、相場が大きく動くという意味でも、短期投資では注目しておきたい要因のひとつだ。

ただし、先ほどの東芝の例などでも突如発表されているため、事前にこうした動きを予測してトレードするのは難しい。特に敵対的TOBの場合、双方の最終的な合意が行われるまでに時間がかかることが多く、相場で「TOBがなかなか行われない」という雰囲気になってきた場合、株価が下落したときに買っておくのもひとつの手だと投資家のJACKさんはいう。

TOBの提案により株価急騰

東芝(6502)　日足　2021年1月~4月

▶売買判断

082

TOBは関連銘柄にも注目

信頼度高!!

▶噂が出回ると 子会社株が吹き上がる

TOBの話題が出ると該当企業だけでなく、ほかの子会社などの関連企業も物色されることがある。例えば、該当企業のTOBが「親子上場の廃止」があった場合、子会社の上場が廃止されるため、プレミアムがつくことを狙って、ほかの子会社や違う親子上場銘柄が物色されやすくなる。親会社がTOBされる噂が流れて、その後なかなか実行されなかったとしても、噂が出回ったタイミングで子会社株が吹き上がることがある。

そうした傾向のある企業を絞りこんでおき、株価が一度下がったところで仕込んで吹き上がるのを待つのもTOBにおける戦略のひとつだ。

子会社銘柄の一覧

【親子上場】関連銘柄一覧　1~15件 / 全419件

«前へ　1　2　3　4　5　6　7　…　次へ»

コード	銘柄名称	株価	前日比	関連度
1983	東芝プラントシステム	2,665.0 (01/24)	--- (---%)	
4508	田辺三菱製薬	2,006.0 (02/26)	--- (---%)	
6256	ニューフレア	11,780.0 (03/27)	--- (---%)	
6591	西芝電機	239.0 (02/26)	--- (---%)	
6967	新光電気工業	3,370.0 (11:30)	-125.0 (-3.57%)	
4217	日立化成	4,625.0 (06/18)	--- (---%)	
5486	日立金属	1,933.0 (11:30)	-3.0 (-0.15%)	
6305	日立建機	3,250.0 (11:30)	-25.0 (-0.76%)	
6945	富士通フロンテック	1,536.0 (12/23)	--- (---%)	
6955	ＦＤＫ	1,395.0 (11:30)	+43.0 (+3.18%)	

みんかぶ「親子上場関連銘柄一覧」(https://minkabu.jp/screening/theme/%E8%A6%AA%E5%AD%90%E4%B8%8A%E5%A0%B4)

TOB

企業の買収や子会社化のために、上場企業が他上場企業の発行する株式を、通常の市場外で一括して買い付けること。

Section.3

チャート・テクニカル

チャートやテクニカルは、株価を客観的に見るために非常に重要なツール。
基本的な使い方の再確認から投資家やアナリストたちの見方・読み方を紹介する！

▶テクニカル

083

価格帯別出来高でタイミングを測る方法

信頼度高!!

▶値動きが吸い寄せられる価格帯がある

これまでにどの価格水準で取引されたか、ということを示す価格帯別出来高だが、上値の目途を立てるのに役立つ。大きく窓を空けて上昇した場合など一気に株価が上昇した場合、値動きが速いため、価格帯売買高が少なくなる。

横ばいが長らく続いている場合は、時系列で取引が多くなることから価格帯別出来高が大きくなる。

この出来高が多くなっている株価水準は、過去にここで買った投資家が多いということになるため株価にとって居心地がよい価格帯と見ることもできる。

株価は価格帯別出来高の多いところに吸い寄せられる傾向があり、少ないところに株価が移動した場合は上下、どちらかの出来高の大きい価格帯に吸い寄せられる。

このため、株価が下がってきた場合、価格帯別出来高が大きいところでの反転上昇といった戦略や、購入後に株価が上昇していった場合、価格帯別出来高の大きなところまでは上昇できるだろうといった見方ができる。

1
2

3
4
5

☰ 価格帯別出来高を出した例

みずほFG(8411) 日足 2020年11月~2021年4月

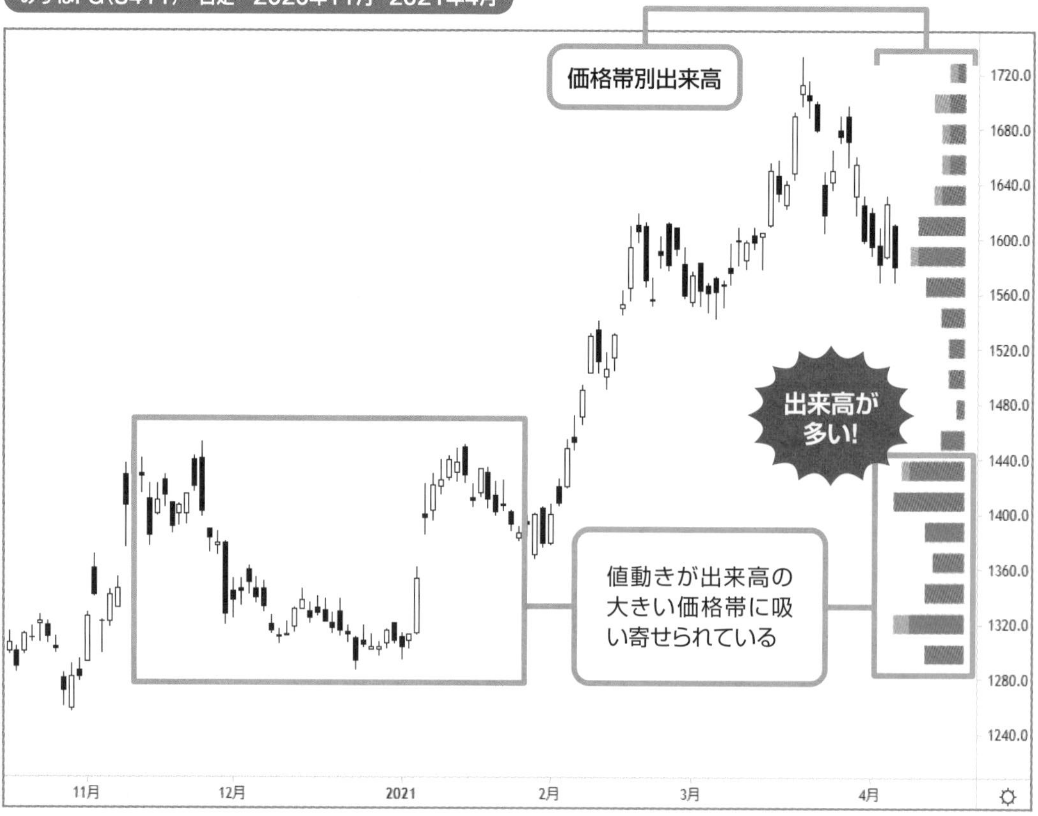

価格帯別出来高

出来高が多い!

値動きが出来高の大きい価格帯に吸い寄せられている

1720.0 1680.0 1640.0 1600.0 1560.0 1520.0 1480.0 1440.0 1400.0 1360.0 1320.0 1280.0 1240.0

11月 12月 2021 2月 3月 4月

▶テクニカル

084 価格帯別出来高を参考に売りどきを想定

スイング

▶上値が重くなりやすい価格を確認する

スイングは、上昇力のある銘柄に乗れるかどうかがカギ。ただし、調子よく上昇していた銘柄でも、需給バランスが悪くなると素直に上がらなくなる。

ボラティリティがある銘柄や、値動きが荒い銘柄などは、価格帯別出来高を見て上値が重くなりそうな価格帯をあらかじめ確認しておくとよいだろう。

さらに信用買い残が多い銘柄は、最初は材料などによって調子よく上がるかもしれないが、徐々に売り手優勢になっていく。急に売り買いのバランスが変わり、急落するケースもある。このような銘柄は「頭はくれてやる」意識で、利確しよう。

価格帯別出来高と信用買い残を表示させた例

みずほFG（8411） 日足　2021年1月~4月

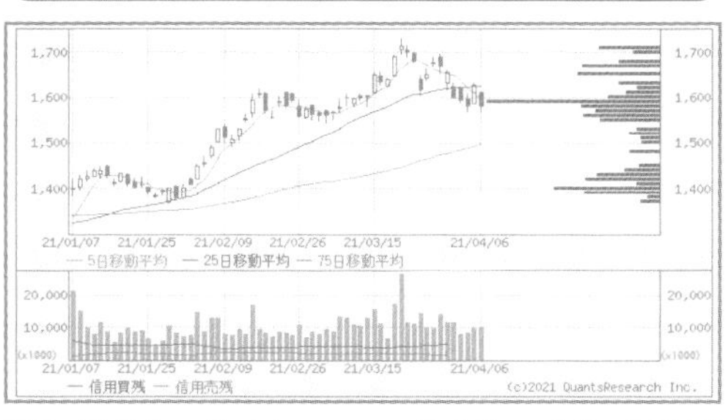

株マップ（https://jp.kabumap.com/）のチャートツールでは価格帯別出来高（右）と信用残（下）を同時に表示できる

▶テクニカル

085 ポピュラーな移動平均線だからこそ重視する

スイング

▶移動平均線での反発を待ち高値づかみのリスクを抑える

移動平均線を使った売買はテクニカル分析の王道。短期売買では5日線や25日線を見ている人が多く、値動きの節目になりやすい。株価が上がっている銘柄をスイングで狙う場合は、無理に飛びつこうとせず、5日線や25日線まで下がってくるときを待つ。上昇スピードが早い銘柄は、反落してからの下落するスピードも早くなりやすいため、下落に巻き込まれたり、高値づかみを避けるために、支持線となる移動平均線まで待つのがよい。

さらにリスクを抑えるなら、移動平均線で反発してから買うほうがよいだろう。また、保有した銘柄が下がった場合も、移動平均線を割ったところを損切りポイントにしておくとよい。

移動平均線の例

千代田化工建設（6366） 日足　2020年12月~2021年4月

5日移動平均線

25日移動平均線

上昇トレンドでは
移動平均線に触れるまでまつ

信用買い残
信用買いされた株式のなかで、決済されずに残っている株のこと。

▶テクニカル

086 ADXが30以上で上昇トレンド

信頼度高!! リスク大!! 期間限定 スイング

▶トレンドの強さを はかる指標

株価のトレンドを確認する方法には、移動平均線が最もポピュラーに使われているが、そのトレンドの強弱も合わせて知っておくと持続の程度がわかるだろう。トレンドの強弱をはかるのはADXというトレンドフォロー型指標だ。ADXは価格の上昇力を表す指数＋DMIと価格の下落力を表す指数–DMIで構成され、＋DMIが–DMIを上回っていれば、その株は上昇力が強いとされる。同時にADXが30以上あれば、上昇トレンドが強い、と判断できる。移動平均線の向きやHV、RSIなどの指標と合わせて見るとより効果的だろう。

ADXを表示させた例

エイチワン(5989)　日足　2020年10月~2021年1月

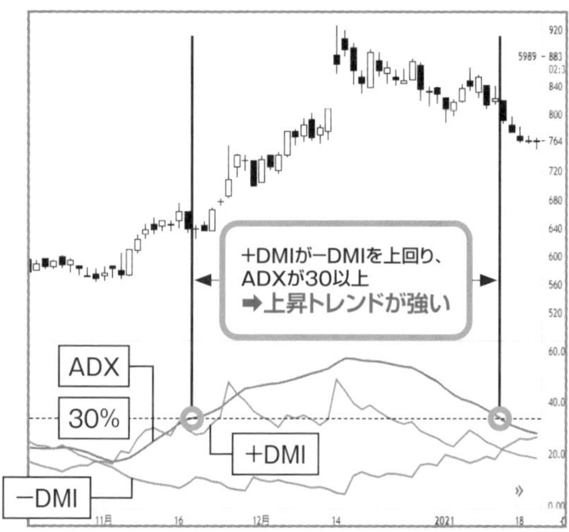

▶テクニカル

087 MACDを使っていち早くトレンドを確認

スイング

▶だましが出やすい デメリットもある

MACDを使うとトレンドの発生地点をいち早く知ることができる。というのも、MACDがベースとしているのは指数平滑移動平均線であり、これはMACDの単純平均であるシグナルよりも直近の終値を重視した計算式であるためトレンド発生のサインが比較的早く出やすくなるからだ。

一方でサインが早いということはレンジなどでだましが発生しやすくなるというデメリットもある。MACDのサインだけをうのみにせず、ほかのサインと併せて見ていくことが必要だ。

MACDを表示させた例

東京電力HD(9501)　日足　2020年11月~2021年3月

「三役好転」は強い買いシグナル

スイング

3つのサインに注目して転換を見極める

一目均衡表の「三役好転」という強い買いシグナルがある。

それは、「①転換線が基準線を上抜けたゴールデンクロス、②遅行スパンがローソク足を上抜けたとき、③雲を株価が上抜けたとき」この3つのシグナルが出たときは絶好の買いのエントリーのポイントとなる。

また同時に転換線が基準線より下にあるときは強気であることが表され、基準線と転換線がともに上昇していれば株価は上昇トレンドとなる。これを大前提とすることで「三役好転」によるエントリーをより確実にできるのだ。世界的に使われている指標のため、投資家心理がどの方向に向いているのかを探るにも役立つだろう。

三役好転の例

アイスタイル(3660)　日足　2020年11月~2021年2月

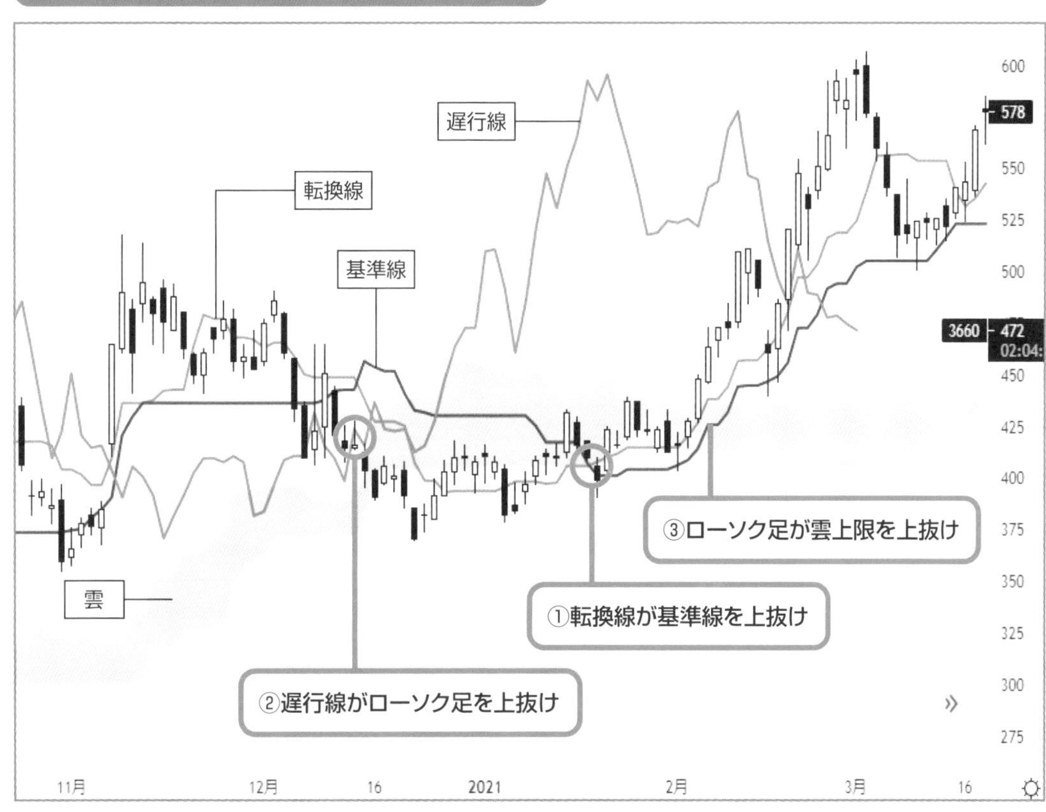

▶テクニカル 089

ボリンジャーバンドは広がり&+2σで順張り

スイング

▶+2σを超えてくると方向感に勢いが出やすい

ボリンジャーバンド（BB）とは、移動平均やティピカルプライスを表す線を中心に、その上下に値動きの幅を示す線であるσを加えたチャート。

ジョン・ボリンジャー氏が考案した指標で、「2σの線なら95%の値動きがこのなかに収まる」という統計学を応用したテクニカル指標である。

５本の線が細く収束しているときは値動きが小さくなっているとわかる。それが急に拡大したとき、５本線がラッパのように広がったときは値動きが大きくなったということ。

そして価格が「＋２σ」を超えてきたら、通常95％収まっている範囲を超えるほど強い動きであり、それに順張りで乗るのが効率がよい。例えば2018年の日経225日足や、2019年６月６日のトーセイの日足などは、＋２σをしっかりと上抜けてから強い上昇トレンドが発生している。こうしたタイミングではデイでもスイングでも、順張りが利益を得やすくなる。

+2σ抜けで上がった例

大阪有機化学工業（4187） 日足 2020年4月～5月

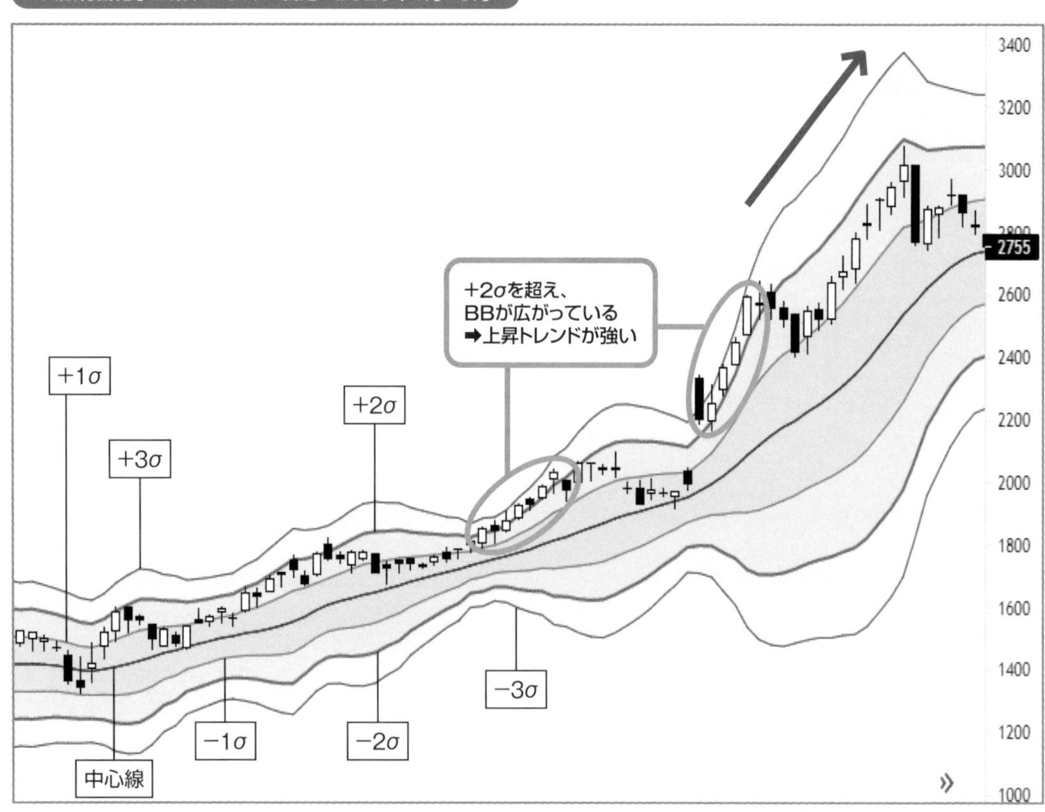

ティピカルプライス
一定期間の価格の平均値。銘柄の性格を見極めるのに向いている。

▶テクニカル

090

テクニカル指標は「ダイバージェンス」に注目

信頼度高!!

▶隠れたトレンド転換を見つけやすくなる

テクニカル指標を使う際には、「ダイバージェンス」にも注目したい。これは「逆行」を示すもので、値動きとテクニカル指標が反対の動きをした場合は、相場の転換を示すことが多い。

右図は神戸物産（3038）の日足チャートにMACDを表示させたものだが、８月下旬まで右肩上がりである株価に対し、MACDは６月中旬から右肩下がりに転じている。その後８月下旬に価格は高値を更新できず、下降トレンドに転換している。こうした隠れたトレンド転換をダイバージェンスに注目することで見つけやすくなる。

ダイバージェンスの例

神戸物産（3038） 日足 2020年5月〜10月

▶テクニカル

091

手を出さない銘柄を教えてくれるVWAP

信頼度高!!

▶VWAPを割らなければ押し目買いを狙う

VWAPとは、売買高加重平均価格のこと。ローソク足がVWAPのラインを割るということは、その日にデイトレした人全体ではマイナスの人が増えるということだ。

特に引け前の14時20分以降にVWAPを割れていると、投げが活発化する可能性が高く、安易に押し目を狙わないほうがよい。逆にVWAPを割れずにいる銘柄は保有者に余裕があり、強状態。トレンド継続中であれば、押し目を狙える状況にある。

VWAPは上か下かで見る

住友化学工業（4005） 日足 2020年12月〜2021年4月

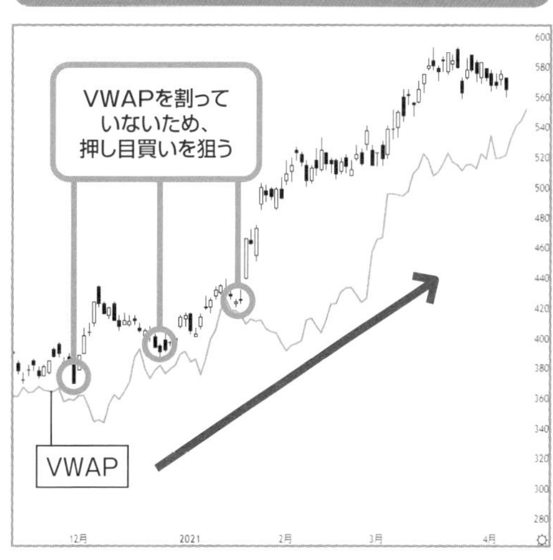

▶テクニカル

092 ストキャスティクスを利確の目安として使う

スイング

▶80%を下抜けたタイミングを確認して利確

ストキャスティクスは、「買われすぎ」「売られすぎ」を示すオシレーター系のテクニカル指標であるため、逆張りエントリーの基準として解説されることも多い。しかし、いったんトレンドができると、値動きが値動きを読んで加速することが多いため、ストキャスティクスで買われすぎの水準になったとしてもトレンドが継続する可能性が高く、その指標通りに逆張りで入っても損をしがち。だが、一方でポジションを持った状態で、ストキャスティクスが80%のラインを下抜けるタイミングを利確ポイントとする目安にはできるのだ。

ストキャスティクスを表示させた例

ソフトバンクグループ(9984) 日足 2020年12月~2021年2月

買いで2本の線が80%を超えたら利確、空売りでは20%を下回ると利確、というように基準にしやすい

▶テクニカル

093 ポジション保有中は±2σをめどに利確

スイング

▶レンジ相場では±2σ内で値動きが収まりやすい

ボリンジャーバンドは順張り、逆張りといろいろと使えて汎用性のあるテクニカル指標だが、利食いにもこの指標は使いやすい。

右図のように大きなトレンドがなく、行ったり来たりする方向感のない相場では、レンジ下限で逆張りエントリーが有効だ。基本的にそうした相場では±２σを超えてからはトレンドが出づらいため、買った場合は＋２σにタッチするポイントが利確の目安としやすい。＋２σを抜けて利確後、さらに伸びるようであれば、レンジ相場からトレンド転換も想定した戦略を立てる参考にもなる。

ボリンジャーバンドを表示させた例

双日(2768) 日足 2020年6月~9月

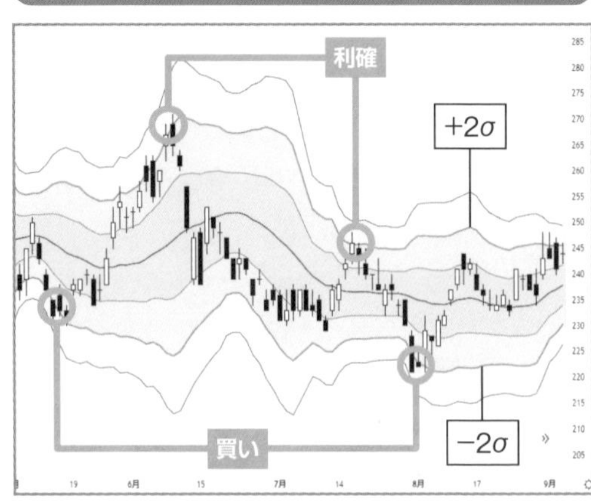

買いの際は+2σを利確の目安にしやすい

▶テクニカル　**094**

ボリンジャーバンドの±3σは様子見

信頼度高!!

▶理論的には±3σを超えることは「ほとんど」ない

相場に勢いがあると、ボリンジャーバンドで±３σを超えることが度々ある。この±３σ内に値動きが収まる確率は99.7％と極めて高く、理論的にこの線を越えることはほとんどないことから「トレンドが発生する」という解説と、「もとの価格帯に戻る」という解説、どちらもがなされる。実際、±３σを超えたあとの判断についてはどちらが正しいといい切れないが、相場の過熱感が高まっていることは確かだ。したがって±３σを超えたら、いったん様子見するのもひとつの手といえるだろう。

+3σを超えた後の値動き

PALTEC（7578） 日足　2020年10月~12月

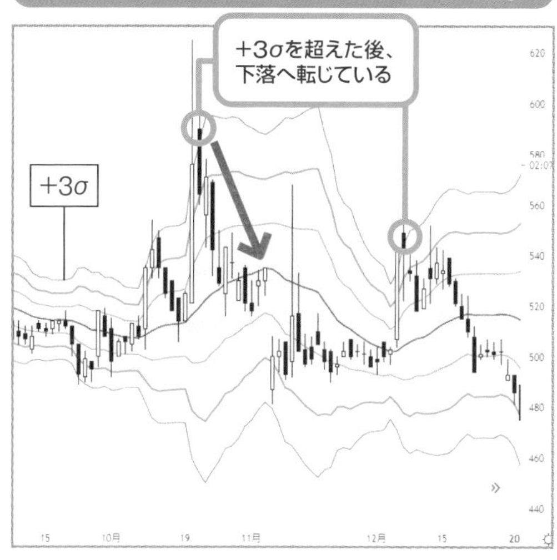

▶テクニカル　**095**

短期の押し目買いの基準にRCIを使う

デイ　**スイング**

▶短期が上向くタイミングでエントリーする

RCIはオシレーター系のテクニカル指標ではあるが、トレンドが発生しているときでも有効に使うことができる。RCIを長期と短期で２本（３本表示するツールもある）表示させ、上昇トレンドの場合は長期をトレンド継続の判断、短期はトレンドの合間に入る調整の有無を判断というように、２つの目線で見てみよう。トレンドが発生していると長期は100％に近づく形で横ばいになるが、短期はその間の調整に反応して上下する。この短期がいったん下がった後に上向きに変わるポイントをエントリータイミングとして使うことで押し目買いが可能。

RCIを押し目買いに使った例

ライク（2462）　日足　2020年11月~2021年4月

オシレーター系

テクニカル指標のタイプのひとつ。銘柄の買われすぎ、売られすぎを判断するもの。

▶テクニカル

096

RCIで相場の転換点を探る

信頼度高!!

▶トレンド転換を確認してから買う

順張りのスイングでは、株価の転換点を把握することが大事。その把握が早いほど、長くトレンドに乗ることができる。そこで有効なのがRCI（RCIはRank Correlation Index）。RCIは相場の過熱感を測るテクニカル指標で、株価の上がり始め、下がり始めを示すもの。スイングで買う場合、株価の大底で買うのが理想的ではあるが、底を的確に見極めるのは難しく、下落中やヨコヨコの状態で買うとさらに一段下がるリスクもある。そのため、RCIでトレンドが上向きに変わったことを確認してからのほうがリスクが低くなる。

RCIを表示させた例

日産自動車（7201） 日足 2020年9月~2021年2月

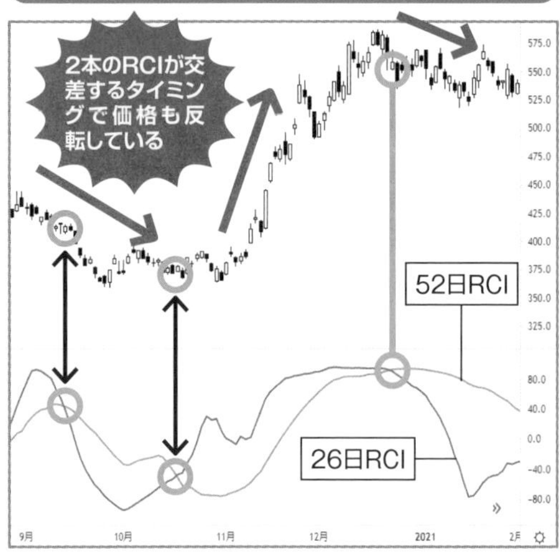

1
2
3
4
5

▶株価動向

097

リターンリバーサル戦略は短期でも有効

デイ　スイング

▶日経平均連動銘柄の法則性を利用する

デイトレードやスイングなどの短期売買といっても、長期的なトレンドも確認するべきだ。長期間ずるずる下げている銘柄でブレイクアウトを狙うより、時間をかけて緩やかに上昇を続けているほうが、短期的にも高値を更新する確率が各段に高くなるからだ。

分足や時間足、日足など短い足以外にも、週足や月足で長期の移動平均線の向きやトレンドラインを確認しよう。特に日経平均の動きに連動する株であれば、日経平均の上昇に伴って大幅上昇すると、一転して下落過程で大きく売られる傾向が強い。逆に大きく下落した銘柄は次の上昇局面で物色されやすくなる。この法則性を利用したリターンリバーサル戦略は、長期トレンドが始まる前のボックス相場における短期売買でも有効な投資法となる。

大きく売られれば、そのぶん大きく買われる

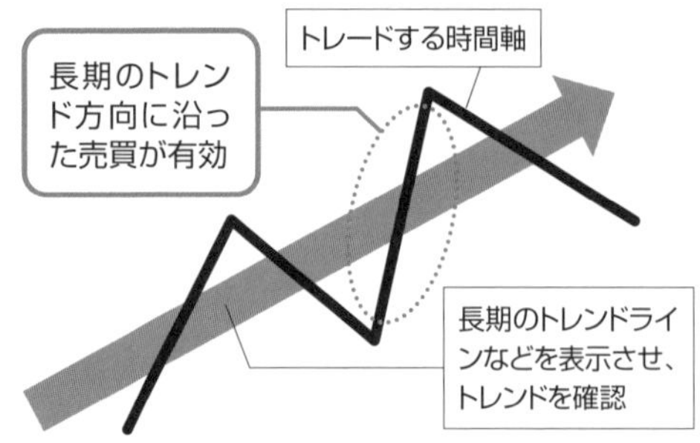

ヨコヨコ
株価が上昇も下降もせず、横ばいが続いている状態のこと。

ブレイクアウト
直近の高値や安値を突き抜けること。その後、トレンドが大きく転換することが多い。

▶株価動向

098

大荒れした翌月初は株価下落に注意

信頼度高!!

リーマンショック以後、巨額の資金を運用する投資家の間では、リスクをコントロールして運用成績を向上させることが主流になっている。

リスクは変動率ボラティリティで計測されている。株式・債券・現金などさまざまな資産のなかで、大きく値動きして変動率ボラティリティが上昇した資産の投資比率を下げ、別の金融商品に振り分けるのだ。

このようにして、前月の変動率の変化に基づいて当月初に資産のリバランスを行いリスクを下げるファンドが多くなっている。そのため、前月に株式相場が荒れて、TOPIXが大きく値動きした場合、月初は株式を売却する動きが増えるため、株価下落の可能性が高まるのだ。

▶売買

099

買い目線ではレジスタンスラインを意識

信頼度高!!

投資家のVさんがトレード時にチャート上で特に意識するのはレジスタンスライン（上値抵抗線）だ。レジスタンスラインを上抜けると「ここは下がらないな」と判断して飛びつくイナゴがイナゴを呼んで、一気に価格が伸びることがある。これは買いで入る場合に重要なポイントとなる。

ただ、上抜けても上昇が続かずに反転して急落するケースも多い。そのため、レジスタンスライン抜けの上昇を狙う場合、その前段階で仕込んでおき、抜けたら様子見するのがVさんの基本的なスタンスだという。ラインを少し上抜けてさらに伸びるかは、よくも悪くもほかの参加者次第だ。

▶売買

100

だましを利用した「タートル・スープ」手法

▶過去20日間の安値に注目

ブレイクアウトを狙っても「だまし」にあうことが多いが、この「だまし」を逆に利用する「タートル・スープ」という有名な短期売買の手法がある。（1）過去20日間の最安値を更新（2）前回の過去20日間の安値を更新したのが４日以上前（3）株価がその安値を上回り（4）その日の値幅が４日間で最大なら、エントリーする。

うまくいけば底値を拾うことができるが、「だまし」ではなく本当のブレイクアウトとなった場合は損失が大きくなるハイリスクハイリターンの投資法だ。エントリーと同時に損切り注文を入れておくのがよいだろう。

タートル・スープのイメージ

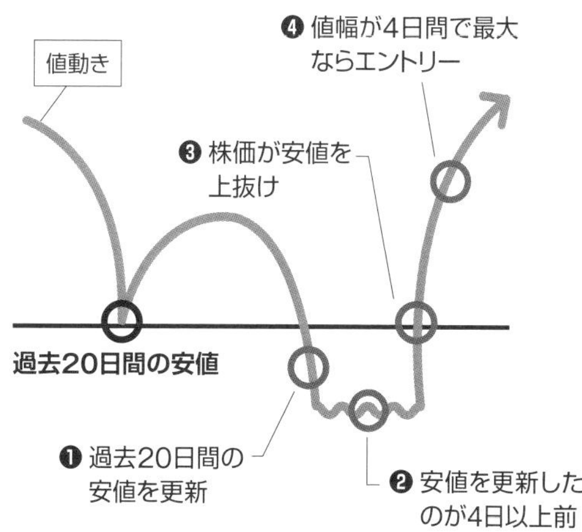

▶テクニカル

101

トレンドと逆方向の大陽線・大陰線に注目

信頼度高!!

▶トレンド初動の確認方法として有効

トレンドはいったん発生すると、慣性が働くように長い期間同様の方向に価格が動く。そうして、最終的に売り方・買い方の玉が切れ始め、出来高を伴った投売りを経てトレンドの転換期に移行するわけだが、その転換期を見分ける方法として底や天井付近で発生する大陰線・大陽線に注目するとよい。

下落トレンドの場合、底打ち後、徐々に買いが入ってきて上昇を始めるが、そうした上昇圧力と、さらなる下落を想定して売っていたトレーダーの損切りが戻り高値近辺に置かれているため、その買戻しの注文が相まって上昇が加速することになり、結果大陽線ができる。

こうした大陽線・大陰線が発生した後は相場の雰囲気が転換ムードになるため、目線を変えるための参考になる。

移動平均線を表示させている場合は、大陰線・大陽線が発生し反対方向に移動平均線を越え、その後移動平均線自体も向きが変化していき、トレンド発生のサインとなることも多い。

トレンド転換する

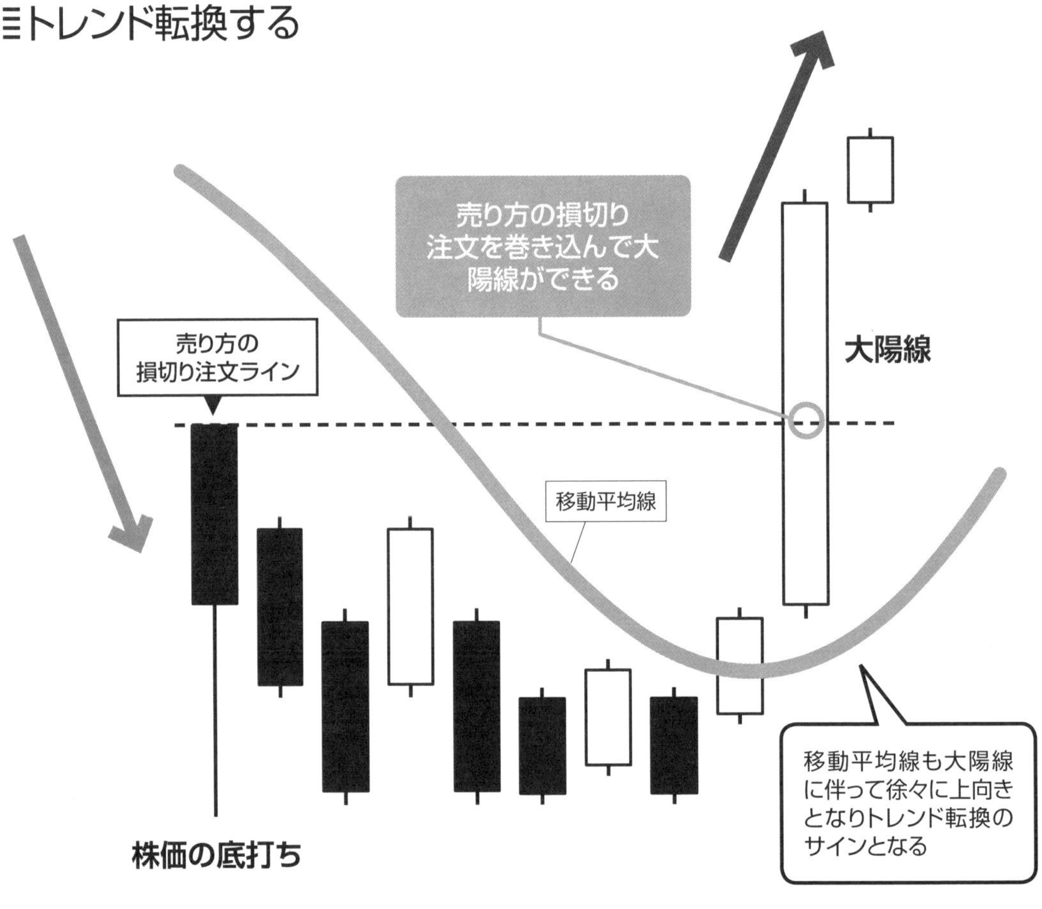

売り方の損切り注文を巻き込んで大陽線ができる

売り方の損切り注文ライン

大陽線

移動平均線

株価の底打ち

移動平均線も大陽線に伴って徐々に上向きとなりトレンド転換のサインとなる

▶売買

102

トレンドが強い銘柄に低リスクで投資する方法

信頼度高!! 期間限定

▶調整が一時的かそうでないかを判断してからエントリー

過去の高値や安値でつないだトレンドライン、大きく空いた窓、過去の最高値などの節目が意識されると、利食いや空売りが入ってきやすくなるため株価の動きは鈍くなりやすい。これらの節目をブレイクアウトすると株のエネルギーは相当大きいと認識され、買いが買いを呼ぶ、といった動きとなる。

ただし、最高値を更新したり移動平均線からのかい離が大きくなると、再度利益確定の売りや空売りの買い戻しによって株価は調整されることが多い。この調整が一時的なものか、それとも上昇の終わりなのかをはっきりさせてからエントリーすることで、リスクを軽減しながら利益を取っていくことが可能になる。

▶売買

103

急騰で上ヒゲがついた銘柄は理由を確認すべき

スキャル デイ スイング

▶高値掴みした人たちが上ヒゲの部分で捕まっている

材料があって上昇した銘柄でも、買われすぎると高値圏で上ヒゲがつく。勢いよく上昇している銘柄は、その前後が押し目となり、再び上昇していくケースもあるが、買いを考える前にヒゲの部分で買った人が捕まっている人がいることを想定しよう。もし下がった場合、高値で買った人の損切りにより下落が加速する可能性も考えておきたい。どれくらいの人が高値で買ったかは、出来高や価格帯出来高などを見て分析しよう。材料の内容にもよるが、上ヒゲがつくと基本的には上値が重くなるため、上昇に乗り遅れた場合などは様子見が無難といえる。

上ヒゲ後の値動きのイメージ

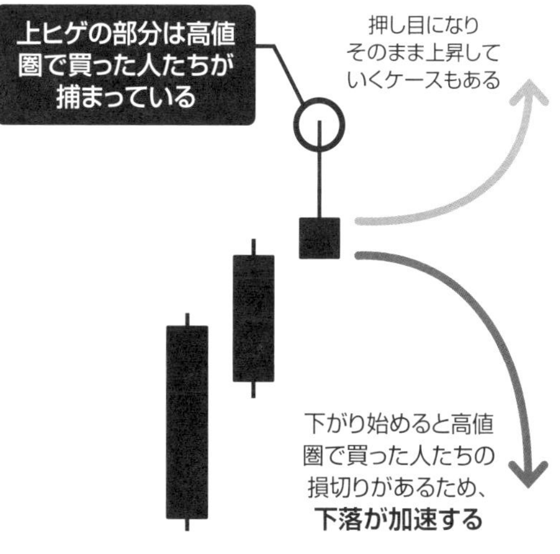

▶チャート

104

Wボトムは強い上昇のサイン

信頼度高!!

▶ ネックライン抜けが エントリータイミング

強い上昇転換の代表的なチャートパターンに、Wボトムがある。下降トレンドからいったん反発するも安値が前回の安値と同じ水準まで下がってくることがある。ここで下げ止まり、前回の高値（ネックライン）を上抜いたところがエントリーポイントとなる。また、このネックラインの抜けと同時に出来高が急増してくると、より強い上昇のサインとして見ることができる。

≡Wボトムのイメージ

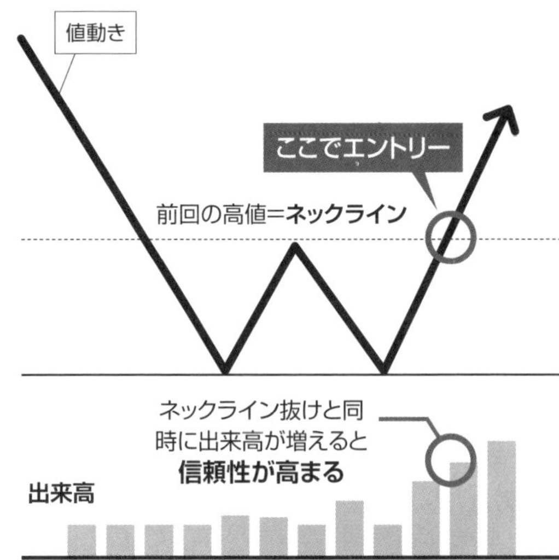

▶テクニカル

105

セカンダリー投資はカップ・ウィズ・ハンドルを狙う

信頼度高!!　スイング

▶ 下降トレンドから始まる 強い上昇サイン

カップ・ウィズ・ハンドルは、下降トレンドから上昇トレンドに転換し、その後大きな上昇が見込める強いチャートパターンだ。下降トレンドから緩やかに上昇に転じ、前回の高値と同水準になったとき、ここがネックライン（抵抗線）となり、やれやれ売りの発生などで、一旦株価が下落する。下落後に反発し、カップの柄の部分が形成され、抵抗線を上抜ければ、強い上昇のサインだ。同時に出来高も急増するポイントでエントリーとなる。またIPO株によくみられるチャートパターンでもあるため、セカンダリー投資に役立つだろう。

≡カップ・ウィズ・ハンドルのイメージ

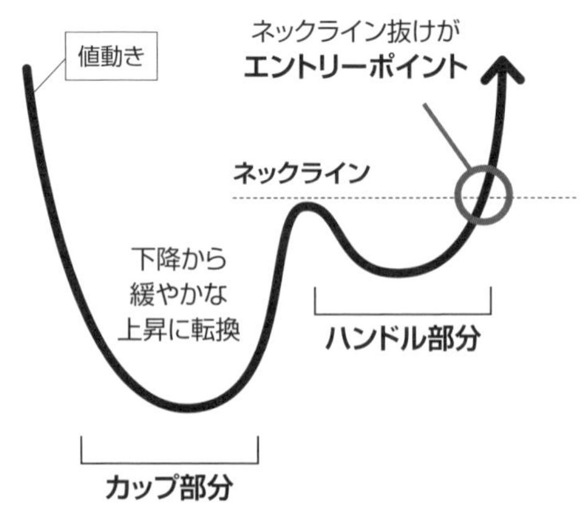

やれやれ売り

株価が想定と反対に動いたあと、元の価格に戻ってきた際に、含み損を抱えていたトレーダーが、決済注文を出すこと。

▶テクニカル

106

チャネルラインはエントリーと手じまいに有効

信頼度高!! デイ スイング

▶上抜けも上昇力が強まるため注目

チャネルラインは、（上昇トレンドの場合）、株価の切り上がる安値を結んだ線である支持線に対して、上昇トレンドの始めの高値から平行に引いた線をいう。特にレンジ相場においては、チャネルラインを活用することで、エントリーと手仕舞いのタイミングを測るのに有効となる。上昇レンジ内で株価が上昇しているときに出来高も増えていれば、上昇の力が強いことが伺える。また、こうしたトレンドラインは、多くの投資家が注目するため、チャネルラインを突き抜けると、更なる買いの流入や空売りの買い戻しで株価が一気に上昇する傾向がある。

チャネルラインのイメージ

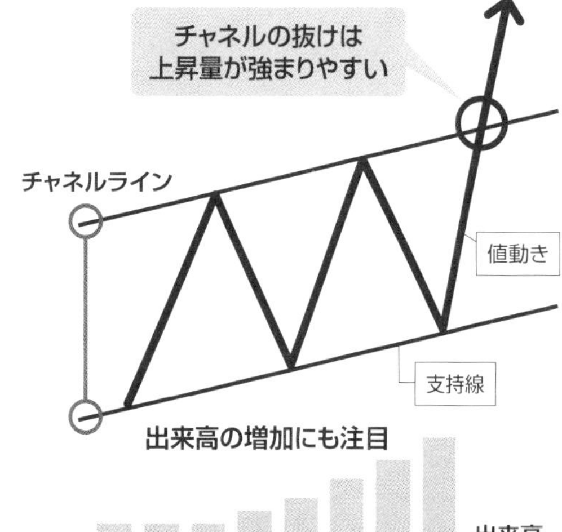

▶株価動向

107

値動きが小さくなったらそこで株価が定着

信頼度高!! デイ スイング

▶居心地のよい価格帯は下落リスクが小さい

株価は常に上下するが、売り買いのバランスが拮抗し、値動きが小さくなるポイントもある。重要なのは、その価格帯をいかにして見つけることだ。例えば、何度か1200円くらいまで上がることはあっても、毎度1000円前後まで戻ってくる銘柄がある。

その価格帯でヨコヨコになることが多ければ、そこがその銘柄の居心地がよい株価だということだ。地合いが急に悪化したり、悪材料が出たりした場合は別だが、そこよりも大きく下がる可能性は低い。

つまり値下がりリスクが低いため、安心して戻っていく。材料期待で買う場合などは、そのような居心地のよい価格帯にあるときを狙う。居心地のよい価格帯から下に行くようなら損切りで対応しよう。

▶株価動向

108

朝一で売られた銘柄は日中ヨコヨコのときに買う

デイ　スイング

▶日中ヨコヨコになってから戻りそうな銘柄を狙う

市場は９時から15時まで開いているが、値動きが大きくなりやすいのは、場が開いた９時から９時半くらいまでと、場が閉まる15時前。悪材料が出た銘柄などは寄り付きから売られて大きく下がる。ただし、いったん下げた後、日中、安値付近でヨコヨコの動きとなった銘柄は、売りたい人が一巡したと判断できる。そのような銘柄は、15時までに少し戻る可能性があるので、逆張りで入るのも手。

ポイントは、日中のヨコヨコの時間の長さ。長ければ長いほど、株価が下りづらくリスクを抑えながらリバウンド（リターン）が狙える。

≡安値付近で逆張り

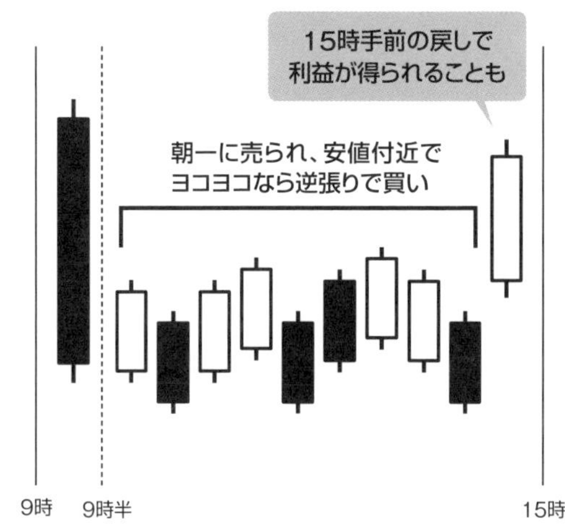

▶株価動向

109

寄り天銘柄の売り圧力を利用して空売り

スキャル　デイ

▶投げ売りがひと段落したところをスイングで買う

出来高を伴って上がっている銘柄は、翌日にGUして寄り付くことが多い。ただし、地合いが悪いときなどは、寄り天となって下がっていくこともある。上昇するスピードが早く、高値での売買を警戒されている銘柄なども、いったん利確しておこうと考える人たちによって売り圧力が強くなることがある。

この流れをイメージして、デイトレでは空売りを狙ってみるのもひとつの手。スイングの場合、少し長い目で見て上昇していくことが見込めそうであれば、GUからの投げ売りが終わるのを待ち、反転したところを押し目とみて買う。

≡寄り天したときの判断

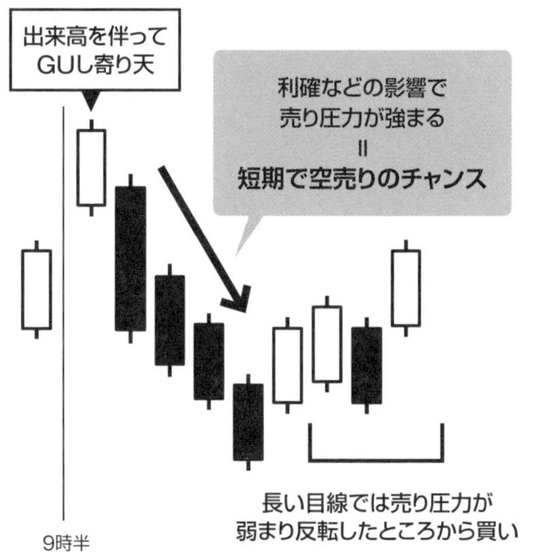

▶株価動向

110

下落からのリバウンド狙いは状況を見て行う

スキャル　デイ

▶ストップ安までいくのは売り手の力が強い証拠

株価はオーバーシュート（一方に行き過ぎる）する。好材料が出た銘柄が大きく買われることがあり、悪材料が出た銘柄が売られすぎることもある。悪材料で売られた銘柄は、売られ過ぎの水準まで売られている可能性があるため、逆張りでリバウンドを狙ってみる。

ただ、あくまでも悪材料が出ているので、長くもたないように注意が必要。また、ストップ安まで売られる銘柄は売り圧力が強いので安易な逆張りは危険。リバウンドする可能性もあるが、翌日以降も下がって行く可能性があるので、買わずにスルーするのが無難だろう。

ストップ安になったときのイメージ

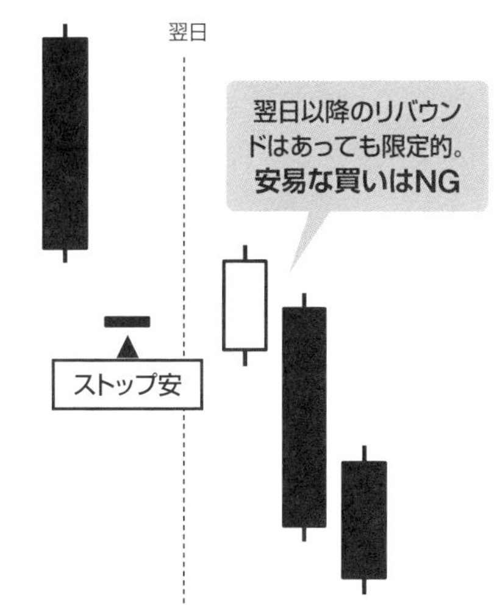

▶株価動向

111

寄り天のときは高確率で地合いが悪い

デイ

▶材料がある銘柄でも地合いが悪いと寄り天になる

地合いがよくないときは、業績がよい銘柄や材料がある銘柄も売られやすくなる。材料が出た銘柄はGUして寄り付くこともあるが、その後の売りに押されて寄り天となることも多い。そのときの持ち越しは博打の要素が濃くなるので、基本的には様子見が無難だ。持ち越し銘柄に材料が出てGUした場合は寄ったところで売る。材料期待で狙っている銘柄があったとしても、地合いが悪いときはリスク>リターンとなりやすい。また、材料が出てGUから寄り天となった場合も、さらに下落する可能性があるので安易に手を出さない。

持ち越し後のGUのイメージ

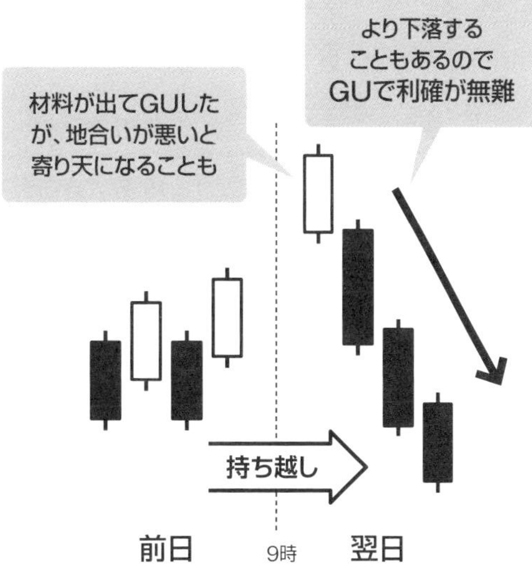

▶株価動向

112

ストップ高銘柄の強弱の見極め方

信頼度高!! スキャル デイ

▶張り付いた後で一応売り注文を出しておく

材料が出てストップ高に張り付いた銘柄は、基本的には材料が高く評価されているということであり、翌日（営業日）もGUして始まる可能性が期待できる。材料次第では連続でストップ高となることもある。

そのような銘柄にうまく乗れた場合は、ストップ高に張り付く強さを測る。張り付いたことを確認したら、売り注文を出しておく。仮に売り手が強くなり、15時までに寄って売れるようなら、張り付く力が弱いということ。その銘柄は翌日に売られる可能性があるので、持っていればその日のうちに手放す。最後まで張り付きそうであれば、15時前に売り注文を取り消して持ち越そう。

売り注文が約定したら弱いと判断

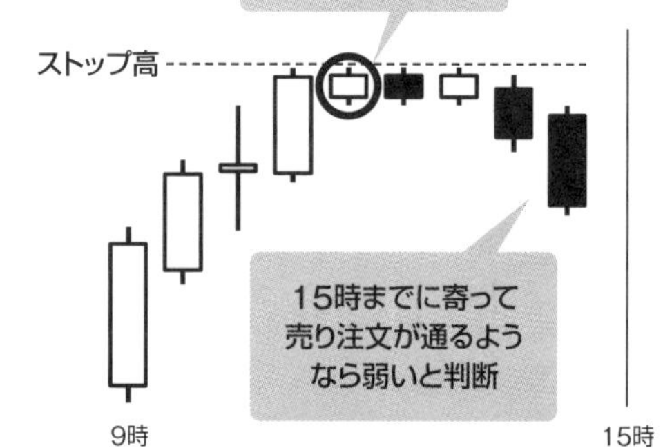

1 2 3 4 5

▶売買

113

前日に強かった銘柄のGDは狙い目

信頼度高!! スキャル デイ

▶米国市場と日本株の連動性に注目して寄り付きを確認

日本株は前日の米国株市場の動きに連動しやすいため、米国株が大きく下げると翌日の東京市場も全体として下げて始まり、多くの銘柄が前日終値から大きくGDした状態で寄り付くことが多い。

だが、下げの圧力は一時的で、安く始まっても窓を埋めてもとのトレンドに戻ることが多いため、この上昇を狙った買いで入ることができる。ただし、これは日足など長い時間軸で大きなトレンドが出ていることが前提。寄り付き後の安値を更新するかどうかを確認後、更新せずに反発したらエントリーの準備をしよう。

GDしても戻すケース

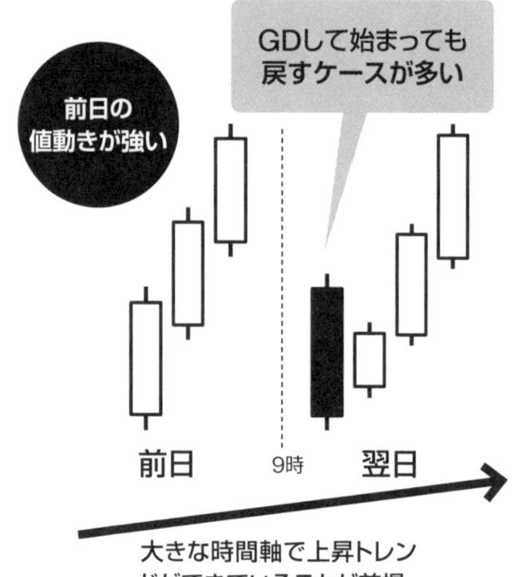

▶売買

114

寄り付き後に一気に下げた銘柄は買い

スキャル　デイ

▶投売りによるオーバーシュートは一時的な下落になりやすい

近年は、アルゴリズム注文によるミセ板なども活発で、寄り付いた後に板が押し込まれることによって投売りが連発し、一気に下げることがある。こうした値動きは一時的で、ひと呼吸おいた後に戻すことが多いため、買いのチャンスとすることができる。

長い下ヒゲになっていることなどを確認し、そのまま下に抜けた際の保険として損切り注文は置きつつ、買いに回ってみよう。

一気に押し込まれて反発する例

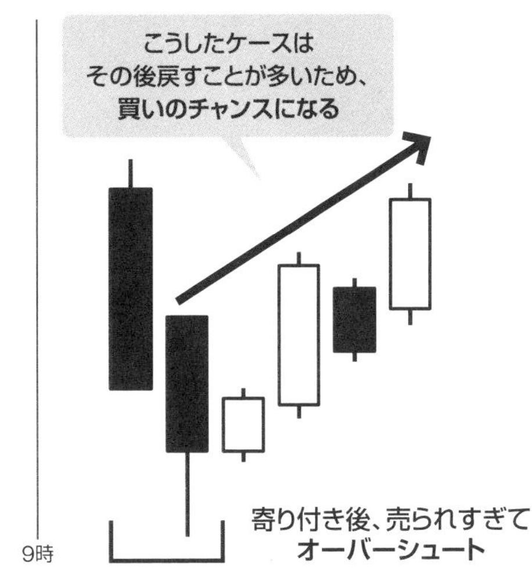

▶株価動向

115

GU後は前日高値を維持できるかに注目する

信頼度高!!　デイ

▶反発を確認してからのエントリーで利益を狙える

GUは、好材料の出現や前日の上昇を引き継いだ成行買いの増加、また、そうした株価の上昇エネルギーに耐えられなくなった空売りの買い戻しによって発生する上昇トレンドに転換するサインのひとつだ。初心者は成行買いで飛びついてしまい、高値掴みになりがちだ。

というのも、強い買いエネルギーは株価のGUを起こすが、それによって利益確定の売りや、天井とみた空売りが入ってくることで短期的に売られることがあるからだ。一旦売られても、株価が前日の高値を維持し、反発を確認できた時点でのエントリーが望ましい。

前日高値で反発を確認後エントリー

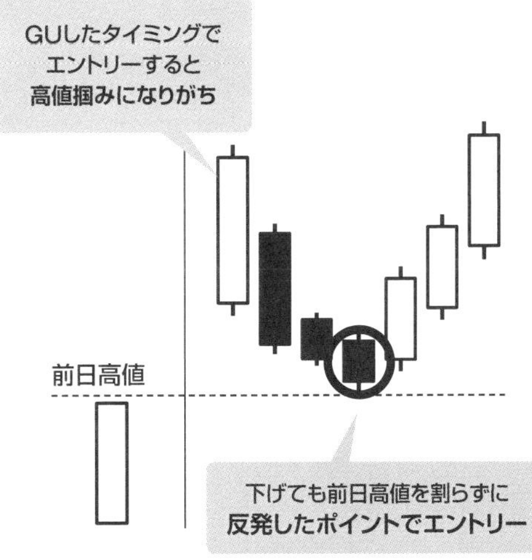

ミセ板

株を本来の価格より安く（売りの場合は高く）仕入れるために、売買する気がないのに、買い注文や売り注文を出すこと。

▶テクニカル

116

一目均衡表での遅行スパンの活用法

スイング

▶シンプルにトレンドを分析できる遅行スパン

一目均衡表は「一目（ひとめ）」でわかるといわれるように直感的にわかりやすいチャートである。

しかし、実は「時間論」「波動論」などの理論も導入した非常に奥が深く、かなり腰を据えて勉強しなければならないものだが、短期売買に絞って、一部だけを切り出して利用している。遅行スパンは現在の足を26本分後ろにずらした線で、単純に遅行スパンがロウソク足を上回っていれば「買い」と考え、遅行スパンがロウソク足を下から上に抜けたところを狙う。これはゴールデンクロスの考え方と似ており、トレンドが分析できる。そこからさらに現在値と基準線・転換線の位置関係などで精度を上げる。

例えば東急不動産HD（3289）は、12月9日に遅行線がローソク足を上放れし、1月28日に上昇トレンドに転換し、大きく上昇している。

遅行線の上抜けサインが出た例

東急不動産HD（3289）　日足　2020年9月~2021年3月

セリングクライマックス
下落相場の最後に、参加者の大半が弱気になり大量の売り注文を出すことで相場が急落するような状況のことをいう。

バイイングクライマックス
セリングクライマックスの反対で、上昇相場の最後に大量の買い注文が出ることで急上昇する状況のことをいう。

▸テクニカル

117

25日移動平均線は下降トレンドの見分けがつく

信頼度高!! デイ スイング

▶25日移動平均線の上下で トレンドを判断

株式投資では買うタイミングを計ることが非常に重要。銘柄を買おうと思ったときに、その銘柄が上昇トレンドにある場合は、即座に買うべきだが、下落トレンドの場合は、買わずに待つべきだ。そこから反発して上昇トレンドに入ったときに、まだ買うべき理由があれば、そこが買いのタイミングになる。

そんな上昇トレンド・下落トレンドを簡単に見分けることができるのが、25日移動平均線。ローソク足が25日移動平均線を上回り、右肩上がりであれば上昇トレンド、逆に下回り、右肩下がりであれば下落トレンドと判断できる。

☰移動平均線で トレンドの強弱を判断

楽天(4755) 日足 2020年1月~9月

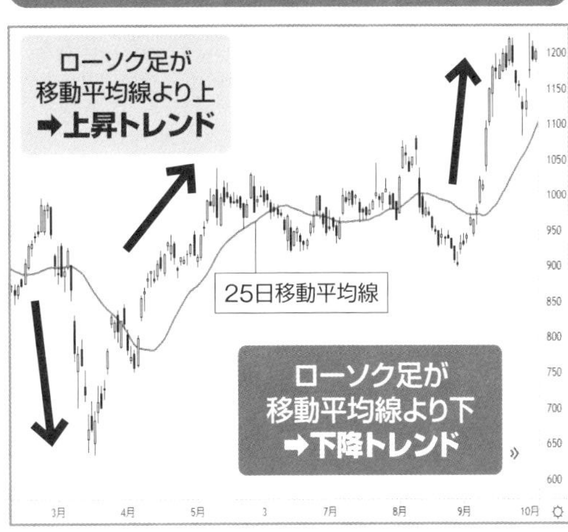

▸テクニカル

118

トレンド中の出来高急増は転換のサイン

デイ

▶出来高急増時は 安易な順張りは危険

チャートや出来高はその銘柄の履歴書。いわゆる、「セリングクライマックス」や「バイイングクライマックス」という言葉があるように、下げ続けている銘柄に大きな出来高を伴った陽線が出ると上げ基調になることが多い。一方、上げ続けている銘柄に大きな出来高で陰線が出ると、下げ基調に転換することが多い。

また、酒田五法の「三尊」や「逆三尊」のように、トレンド転換を確認してから入っても遅くはない。

☰出来高を伴って反転する例

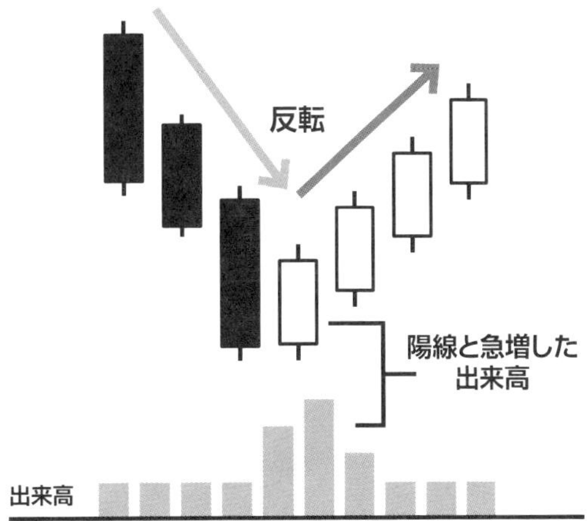

三尊

相場の天井を示すチャートパターンのこと。高値の更新を2度続けるものの、3度目は高値を更新できずに下降する。

逆三尊

相場の底を示すチャートパターンのこと。3回安値をつけ、その後再び上昇する。

▶売買

119

前日高値のブレイクアウトで大きな利益を狙う

信頼度高!! デイ スイング

▶デイトレードにおける節目のひとつが前日の高値

株価の節目にはいろいろあるが、デイトレードにおける節目のひとつに前日の高値がある。節目では利益確定や損切りの売り注文が多く発注される傾向があり、株価は頭が押さえつけられた状態となって上昇しにくくなるもの。

それだけに前日の高値をブレイクアウトできれば押さえつけるものがなくなるように株価は大きく上昇する傾向がある。上昇エネルギーの強い銘柄であれば、ブレイクアウト後にストップ高となることも多く大きな利益を得られる可能性がある。

このブレイクアウト投資法は高値で買うことになるため、だましにあう可能性もあり、リスクと隣り合わせだ。エントリーと同時に逆指値で決済注文を出すなど損切りを行うことが勝率を上げるコツだ。

ブレイクアウトのイメージ

うまくいけば
ストップ高になることも

節目には利確・損切り
注文が集まるため頭が
抑えられやすい

前日高値

前日高値の
ブレイクアウトでエントリー。
同時に
逆指値で決済注文を出して
損切りにも対応

高値で買うことになるため、**だましの対策**もきちんとしておく

前日　9時　翌日

120

「ウップス」を意識して売買する

信頼度高!! デイ スイング

▶著名トレーダーが基本としていたテクニック

「GDして寄付きの株価が窓を空けて下落した（一日の始まりが前日の安値より安く始まる）ときは、前日の安値を上抜けたら買い」、逆に「GUして寄付きの株価が窓を空けて上昇（一日の始まりが前日の高値より高く始まる）したときは、前日の高値を下抜いたら売り」という方法だ。これは投資家ラリー・ウィリアムズの「ウップス」という基本的なデイトレードの手法であることから、「ウップス」が意識されるとその後の株価の動きは加速する傾向があることもポイントだ。

ただしGDの場合、大局的に上昇トレンドであることがポイント（GUは下降トレンド）。日足チャートが上昇トレンドを描いているか、移動平均線は長短ともに上向きであるかなどを確認しよう。

前日安値・高値を抜き直しているかに注目

「ウップス」のイメージ

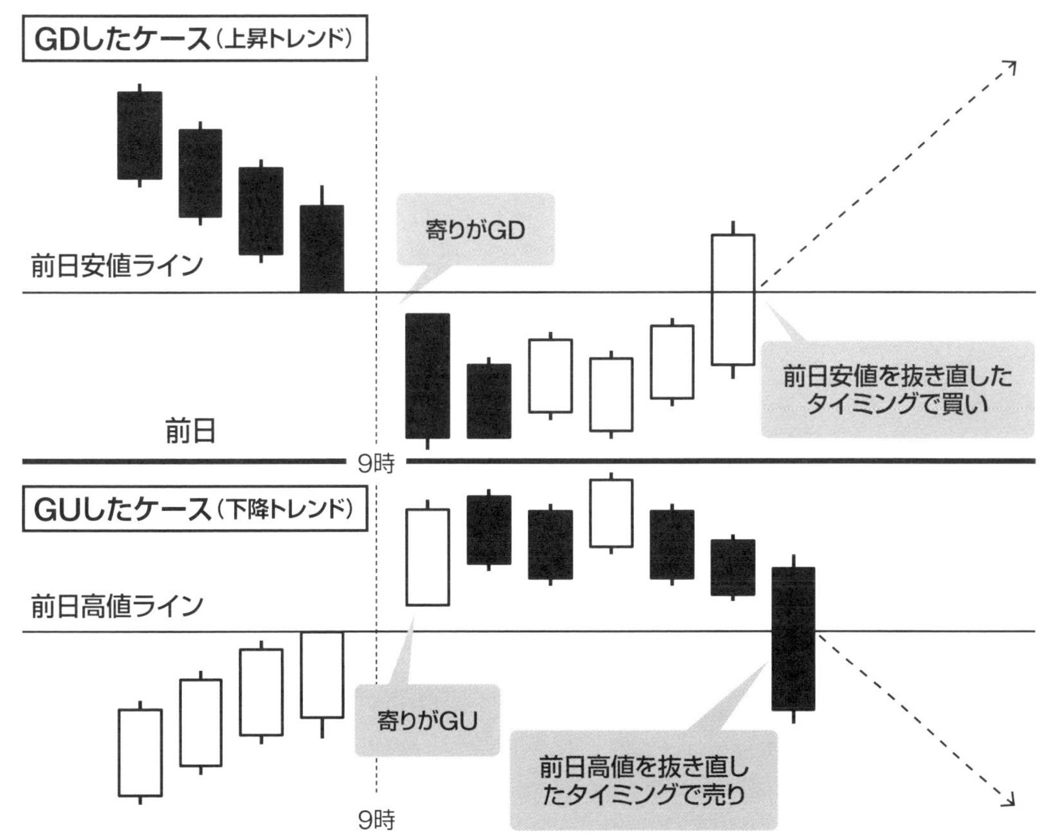

ラリー・ウィリアムズ

アメリカ人有名投資家。ウィリアムズ% Rなど数多くの投資手法を発案している。市場分析の第一人者ともいわれる。

▶テクニカル

121

25日移動平均線とのかい離を確認する

信頼度高!! リスク大!! 期間限定

▶プラス・マイナスともに20%を目安に探す

スイングで売買する場合に、買いどき・売りどきのひとつの目安となるのが25日移動平均線とのかい離。かい離が大きいほど逆張りで取れる可能性も大きくなる。25日移動平均線とのかい離率は証券会社のサイトなどで確認可能。かい離率が大きいほど「買われすぎ」「売られ過ぎ」と判断できる。

スイングの場合、特別な材料がある場合をのぞいて、±20%以上かい離している銘柄の売買はリスクが低い。デイトレなど、短期のトレードで考える場合は5日移動平均線とのかい離率で応用することもできる。

かい離率の高い銘柄を探す方法

高かい離率（25日・マイナス） 全市場 デイリー　最終更新日時：2021年4月5日13時04分

1〜50件/1558件中

順位	コード	市場	名称	取引値		25日移動平均	かい離率	掲示板
1	6628	東証JQS	オンキヨーホームエンターテイメント(株)	13:04	5	15.48	−67.70	掲示板
2	32509	東証1部	(株)エー・ディー・ワークス第20回新株予約権	08/19	1	1.84	−50.98	掲示板
3	9318	東証2部	アジア開発キャピタル(株)	13:01	9	13.80	−34.78	掲示板
4	4696	東証1部	ワタベウェディング(株)	13:01	220	324.40	−32.18	掲示板
5	9271	マザーズ	(株)和心	12:43	547	687.00	−20.38	掲示板
6	1552	東証ETF	国際のETF VIX短期先物指数	13:04	3,815	4,706.20	−18.94	掲示板
7	9664	名証2部	(株)御園座	12:43	2,055	2,430.24	−15.44	掲示板
8	2743	東証JQS	ピクセルカンパニーズ(株)	13:02	121	138.52	−12.65	掲示板
9	9399	東証2部外国	ビート・ホールディングス・リミテッド	13:03	92	105.20	−12.55	掲示板
10	3077	東証JQS	ホリイフードサービス(株)	13:02	507	578.40	−12.34	掲示板
11	2315	東証JQS	(株)CAICA	13:04	47	53.16	−11.59	掲示板
12	1938	東証1部	日本リーテック(株)	13:01	2,001	2,261.76	−11.53	掲示板
13	7049	マザーズ	(株)識学	13:01	1,868	2,105.60	−11.28	掲示板
14	6391	東証2部	(株)加地テック	13:04	6,330	7,133.60	−11.26	掲示板
15	2035	東証ETF	NEXT NOTES 日経平均VI先物指数 ETN	13:03	286	322.04	−11.19	掲示板
16	2928	札幌ア	RIZAPグループ(株)	13:03	210	236.16	−11.08	掲示板
17	3751	東証1部	日本アジアグループ(株)	13:01	937	1,052.84	−11.00	掲示板
18	9980	東証2部	MRKホールディングス(株)	13:03	151	169.44	−10.88	掲示板
19	6620	東証1部	宮越ホールディングス(株)	13:04	917	1,026.32	−10.65	掲示板

Yahoo！ファイナンスでは25日線とのかい離率が高い銘柄をランキング形式で掲載している（https://info.finance.yahoo.co.jp/ranking/?kd=19&mk=1&tm=d&vl=a）

▶チャート

122

チャネルブレイクアウトは大陽線を確認する

デイ スイング

▶安値の切り上げパターンは上昇に向かう可能性が高い

レンジからトレンドに変わる際の強いサインとしてチャネルブレイクアウトがある。例えば上昇の場合、上値が節目や戻り高値に抑えられ水平に推移しつつ、安値が切り上げているタイミングなどは、水平線を抜けると大きなトレンドが出やすい。こうした売りと買いのバランスが崩れて一方向に動くタイミングでエントリーできれば利益を得やすくなる。ただし、一度高値を抜けた後に値下りし、もとのチャネルに戻るようなだましの値動きもある。水平線をブレイクアウトする際の足が大陽線になっているかを確認してから、上昇についていきたい。

水平線をブレイクアウトした例

ビットワン（2338） 日足 2020年12月〜2021年4月

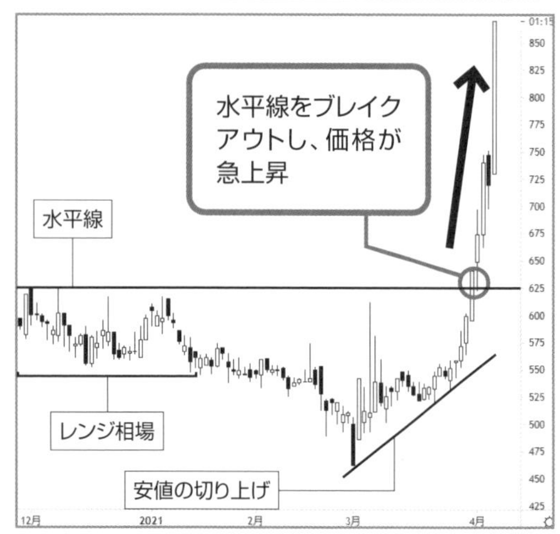

▶テクニカル

123

長短のHVはクセを活用する

信頼度高!!

▶短期HVと長期HVの間隔に注目

短期で利益を上げたい投資家にとって、オシレーター系テクニカル指標「ヒストリカル・ボラティリティ（HV)」を使えば株価の動きやすさを探ることができる。HVは「歴史的変動率」と呼ばれ、株価が過去にどれだけ動いたかをはかる指標だ。

ボラティリティが通常より高くなっていれば、それだけ通常の水準に戻ってくるという「クセ」を活用する。例えば、過去5日のHVが10、過去200日のHVが15だとしたら、短期HVも15に近づいてくるということだ。この場合、短期HVが長期HVの半分程度まで下がっていると株価の動きも大きくなるとされる。そこからトレンドを把握していると大きなリターンを得られる可能性がある。

≡HVからトレンドを把握する

三菱UFJフィナンシャルグループ(8306) 日足 2020年11月~2021年5月

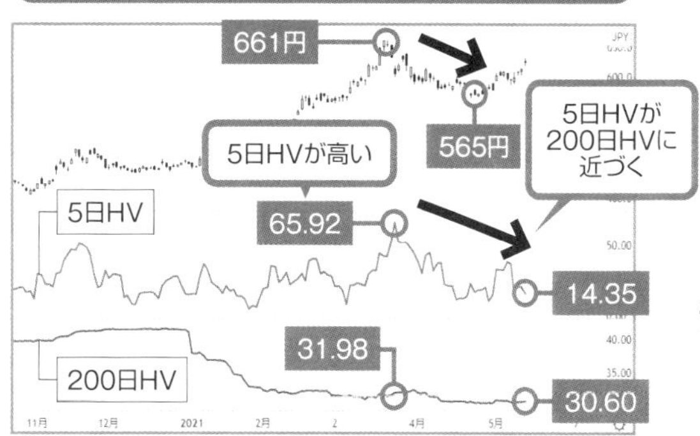

▶テクニカル

124

RSIは順張り指標として使う

デイ　スイング

▶50%より下か、上かでトレンド継続を確認

テクニック095に関連して、オシレーター系の代表であるRSIも「売られすぎ」「買われすぎ」の逆張り指標と解説されることが多いが、実際は買われすぎのラインを超えてもトレンドが続くことが多い。そこで、見方を変えて、50%のラインより上にある限りは「買い継続」、下回ってきたら「利確」、とすることで順張りの指標として使うことができる。

利確はもちろんRSIが50%を下回らずに、価格が反転するような場合には、押し目買いの基準としても使える。

≡50%より下か上を見る

寿スピリッツ(2222)日足 2021年1月~4月

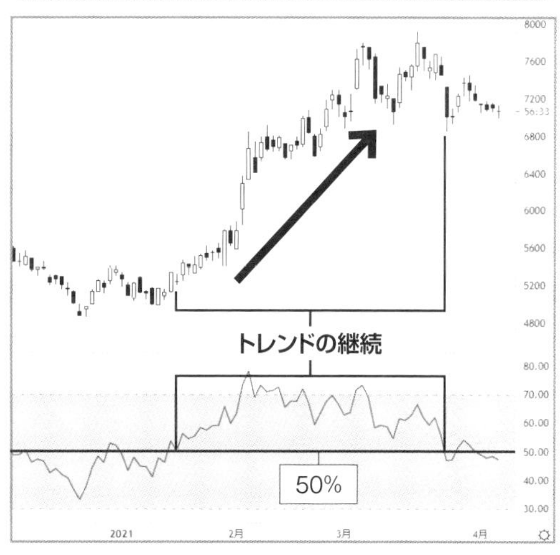

チャート・テクニカル

▶チャート

125

売り銘柄は節目で待つ

信頼度高!!

▶キリがよい価格に指値注文を出しておく

板読みトレードでは、末尾のキリがよい価格（100円、1500円など）が節目として意識されやすい。当然、注文数も、節目となる価格が厚くなる傾向があり、節目を抜けて上昇力が強まったり、抜けずに反落することも多い。そのような傾向があるため、短期売買で売値の目標を考える際も節目がひとつの目安となるだろう。上昇中の銘柄が手元にあり、そろそろ売りたい、少し量を減らしたいなどと考えている場合は、節目に指値で売り注文を出しておくとよい。人気がある銘柄は、高値を目指して節目を抜こうとする人がいるため、その買い注文によってポジションをさばくことができる。

節目に指値で売り注文を出しておく

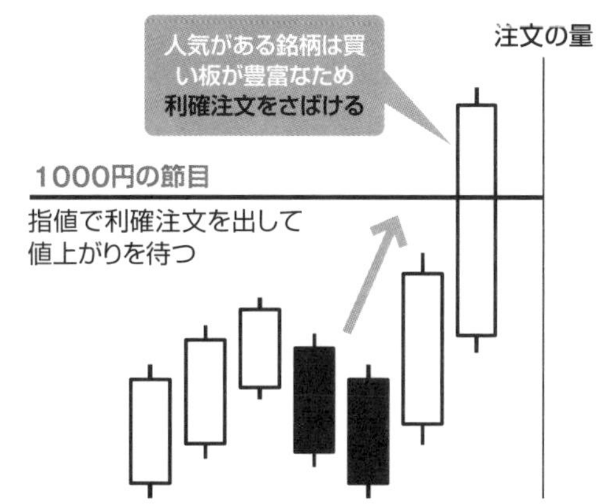

▶テクニカル

126

判断基準を複数持って確度を上げる

▶テクニカル指標が多すぎても判断が複雑になってしまう

移動平均線や、MACD、ストキャスティクスのように値動きを分析するための指標はいろいろとあるが、「絶対に当たる」というテクニカルは存在しない。そのため、ひとつの指標の示すサインに固執せず、総合的な視点から価格の動向を分析する必要がある。ただし、あまり多くの指標を出しすぎてもサインが多すぎて判断が複雑になってしまったり、取引機会が少なくなってしまう。例えば移動平均線とストキャスティクス、ボリンジャーバンドとRSIなど、トレンド系とオシレーター系を組合せて多くても2つ～3つに絞るやり方がよいだろう。

複数のテクニカル指標を表示させた例

アイコム（6820） 日足 2019年3月～9月

2本の移動平均線とMACDを表示させている

▸チャート

127

チャート形状検索ツールで一括チェック

信頼度高!!

▸探したいチャート形状の銘柄を一覧で確認できる

チャート形状から株価が上昇しそうな銘柄を探したいが、上場企業3000社以上のチャートを毎日チェックすることは困難。そこで、上がりそうな銘柄を探し出したり、相場全般の状況を掴むのにおすすめのツールが、SBI証券、松井証券、マネックス証券の３社が提供しているトライベッカ社のチャート形状検索ツール（証券会社によって名称が異なる）。これは、株価チャートを「下げ渋る?、まだ上昇?」など25通りのチャート形状に分類してくれる。自分のチェックしたいチャート形状の銘柄を一覧でチェックすることが可能。

☰チャート形状検索の例

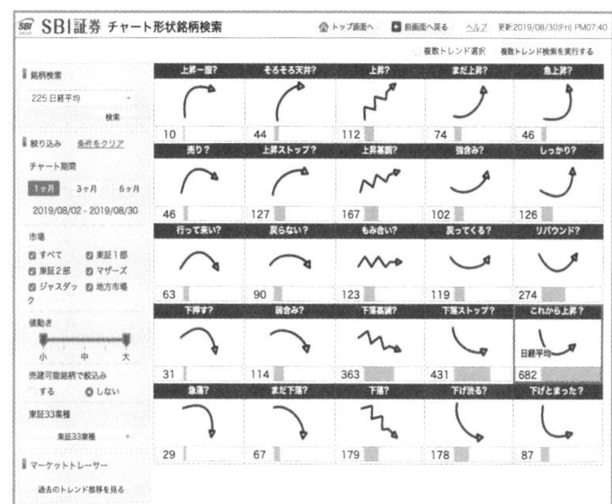

SBI証券の「チャート形状検索（https://site1.sbisec.co.jp/ETGate/WPLETmgR001Control?OutSide=on&getFlg=on&burl=search_domestic&cat1=domestic&cat2=none&dir=info&file=domestic_chartshape.html)」形状別で該当する銘柄がすぐに検索できる

▸テクニカル

128

人が見る指標を見る

▸多くの人が見ている指標は株価に与える影響が大きい

テクニカル分析の指標は複数あり、それぞれ活用できるポイントや信頼度が異なる。信頼度という点ではどれだけ多くの人が見ているかが大事。というのは、多くの人が見ている指標ほど、テクニカルのサインが売買の判断に影響しやすくなり、株価を動かす要因になるからである。例えば、ローソク足と移動平均線はテクニカルで売買する人ならほとんど見ている。そのため、ローソク足が25日線に近づくと反発が意識され、その付近で買う人が増える。下抜けたときに売る人が増え、下落スピードが増したりする。指標を使う際には、知名度や認知度を意識することが重要だ。

☰見ている人が多いポイントは反応しやすい

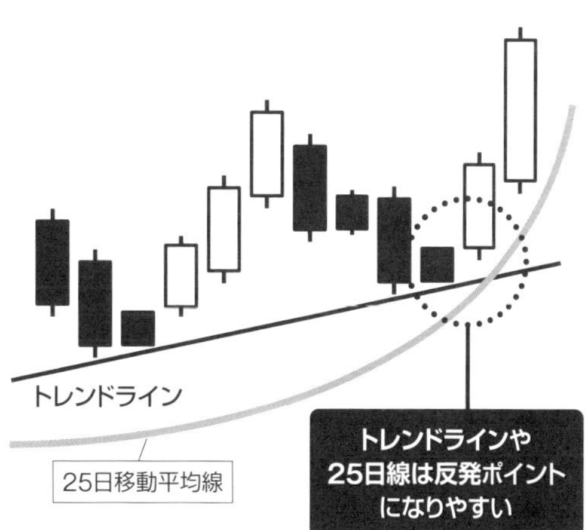

129

3つの時間帯のチャートの時間軸を同期させる

信頼度高!!

▶短い時間軸から変化が起きる

短期のスパンで見ると、価格は相場関係者の思惑で変化していくため、こうした変化にはテクニカル指標を物差しとしてチャートを確認する必要がある。

その際に重要なのが、自分の売買の中心となる時間軸を中心に、それよりも長い時間軸と短い時間軸の3つのチャートを並べてみると、相場がよく見えてくる可能性がある。

例えば30分程度の間隔で売買を繰り返していくのなら、見るチャートは30分足では遅すぎるので、10分足か15分足を基準にしよう。15分足であれば売買タームのうち2回は足を描くこととなり、反応がよくなるからだ。そして、15分足を中心に長い時間軸として1時間足を、短い時間軸は3分足ぐらいを並べてみる。

基本的に価格の変化は、短い時間軸で変化が現れ始め、それが次第に長い時間軸に波及していく。そのため短い時間軸になればなるほど、だましの動きが増えていき、長い時間軸に行くほどだましの回数が減っていく傾向にある。

短期の役割としては値動きの初動を、長期の役割としては値動きの方向感を確認するため、というように認識しておこう。

3つの時間軸のチャートを並べた例

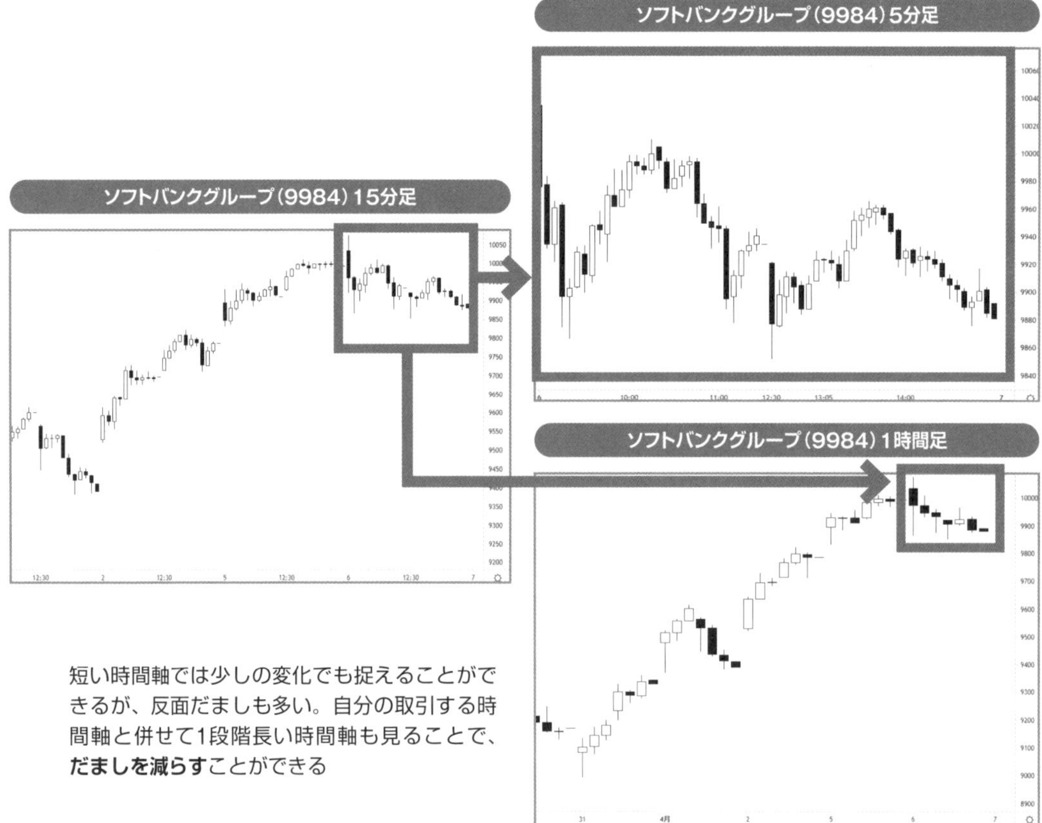

短い時間軸では少しの変化でも捉えることができるが、反面だましも多い。自分の取引する時間軸と併せて1段階長い時間軸も見ることで、**だましを減らす**ことができる

▶テクニカル・チャート

130

日経平均の下げで新興株の手じまいを考える

スキャル　デイ

▶ 200円割ったら手じまいする

前提として業績がよい銘柄でも、特に新興株では指数が下げると売ってくる市場参加者が増える。そのため優位性があったとしても、こうした投げが出るとその後の売買に関しては運要素が増え優位性が失われることから、投資家のVさんは手じまいを考えるという。

目安としては日経平均が200円を割ったら手じまいの基準にしているそうだ。また、寄りから200円を割れるほどに指数が急落している場合は、10時半までにGDした銘柄に絞って売買をするという。

200円下げたら手じまいする

日経平均株価 5分足 2019年7月

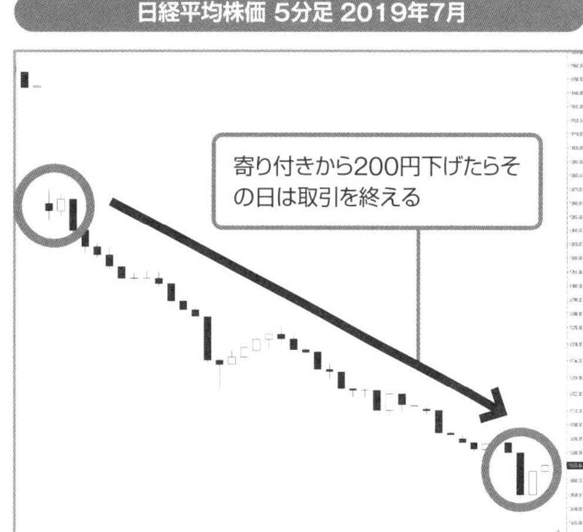

▶売買

131

買う理由と売る理由を一貫させる

デイ　スイング

▶ 一貫した計画と実行力で損切りできる習慣をつくる

売買の際に陥りがちな心理として、エントリーは移動平均線での反発などテクニカル分析をもとに行うのに、値動きが想定と逆行した際に、損切りしたくない理由を探して別の根拠を探してしまうというケース。

テクニカル分析で入った場合は、PERでみるとまだ割安だからなど、ファンダで理由を探してしまうパターンがよくあるが、同じ銘柄でも根拠が異なれば当然その時間軸も異なってくる。

こうした判断で助かることがあったとしても、損切りができないクセがつきやすくなる。トレードには一貫した計画とその実行力が必要だ。

▶チャート

132

モメンタムで日経平均先物を取引

信頼度高!! デイ

▶瞬間的な値動きで売られたら反発狙いで入る

日経平均先物を取引する際、モメンタム（相場の勢い）を見ながら売買を行うのも悪くないと立野さんはいう。基本的な考えとしては「高いときに売って安いときに買う」というもの。

そのときに参考にしたいのが騰落レシオと日経平均のPERだ。特に2018年12月のような相場では、日経平均が19500を割ったときに騰落レシオが65、PERが10.71倍となりここ数年間でかなり低い水準になっていた。

新型コロナによる金融緩和政策の影響もあり、2020年のPERは20倍前後で推移しているが、今後、2018年のときのように瞬間的に売られすぎていると判断できる場合は、反発狙いで先物で入るという戦略が立てられる。

高いときに売って安いときに買う考え方

日経平均株価 日足 2018年12月~2019年1月

▶テクニカル

133

移動平均線の反発は買いではない

デイ スキャル

▶テクニカル分析が効くのはジグザグのチャートのあと

相場がリスクオンなのか、リスクオフなのかを知ることだと投資家の立野さんはいう。

例えば教科書的には「20日移動平均線での反発＝買いサイン」と教わるが、それはあくまで個人レベルの話。株式相場でトレンドをつくる海外のヘッジファンドなどの大口の機関投資家はそういったサインをもとに取引しているわけではなく、より大きな目線で世界経済がリスクオンであれば株をはじめとするリスク資産に投資するし、リスクオフであれば国債などの安全資産を買うのが基本原則。

仮に注目している銘柄の株価が20日移動平均線付近で反発していても、過去のコロナショックのようなリスクオフ相場でテクニカル分析をもとに買い向かっても損する可能性が高い。

とはいえ、テクニカル分析が全く効果がないという話ではなく、リスクオン・オフによって相場に方向性ができた際に、その大きな動きに向かっていく過程で株価はジグザグに推移する。その方向性を把握したうえでテクニカル分析を行うとエントリーのタイミングがより具体的になるため、そのとき初めてテクニカル分析が有効になるということを理解しておこう。

Section.4
制度・情報収集

短期売買の世界は、制度を活用し、情報をどれだけ早く押さえて売買できるかがキモ。
いち早く利ザヤから逃げる動きができるよう情報の入手手段はしっかり押さえておきたい。

▶情報収集

134

優待が人気の銘柄はブログやSNSをチェック

信頼度高!! スイング

▶権利確定日前に新たに保有する

株投資において株主優待は、キャピタルゲインのなかでも「オマケ」的な位置付けであることが多い。

ただ、短期やスイングトレードにおいては、優待権利が確定する前後の価格変動を利用して、利益に繋げる材料とすることもできる。

株主優待を取得するためには、企業ごとに定められた権利確定日までに、株式を保有する必要がある。

特に株主優待が人気の企業などは、権利確定日付近で買いが集中し株価が上昇することが多い。こうした価格の傾向を利用して、短期トレードに活用する方法もある。株式優待で人気の銘柄は、ブログやSNSで頻繁に紹介されているのでチェックしておこう。

☰権利確定日一覧

	権利付き最終日	権利確定日
2021年6月	6月28日	6月30日
2021年7月	7月28日	7月30日
2021年8月	8月27日	8月31日
2021年9月	9月28日	9月30日
2021年10月	10月27日	10月29日
2021年11月	11月26日	11月30日
2021年12月	12月28日	12月30日
2022年1月	1月27日	1月31日
2022年2月	2月24日	2月28日

▶情報収集

135

決算進捗の確認はツールを活用する

信頼度高!!

▶スクリーニングをして業績確認の手間を省く

企業が発表する決算の上方修正は、基本的に好材料と判断され当該銘柄の株価も上昇しやすい。その際に参考になるのが業績の進捗状況で、仮に1Qや2Qで進捗率が60%達成しているような場合は、上方修正が発表される可能性が高いので、先回り買いが有効となる。

ただし、複数の企業の進捗状況を四半期決算ごとにチェックするのは手間がかかるので、ツール等を活用するとよい。

投資家のJACKさんの場合、IPOJAPANの適時開示情報で、「業績・配当予想修正」「1年以内にIPO」という2つの条件でスクリーニングをし、該当する銘柄のなかから市場にインパクトを与える銘柄を買っている。

☰IPOJAPANの検索ツールでスクリーニングする

IPOJAPAN（https://ipojp.com/disclosure?qq=&c=02&ipo=1&from=&to=&submit=%E6%A4%9C%E7%B4%A2）

▶情報収集

136

株探の「株価注意報」で勢いのある銘柄を探す

信頼度高!! 期間限定 スイング デイ

▶デイでもスイングでも活用しやすい情報源

株価情報を配信している株探では、上昇率やストップ安など、当日に動向のあった銘柄を項目別にまとめて掲載しているが、「株価注意報」のなかの「本日、年初来高値を更新した銘柄」は特に注目したい。

年初来高値は、レンジから上昇トレンドへの節目になることが多く、これを更新できるということは今後のトレンド転換への勢いがあるということ。チャートなども併せて確認できるため、ボックス相場からのブレイクアウトしているような銘柄に短期目線で翌日以降についていくことができる。

☰年初来高値を突破した銘柄は上昇への勢いがある

本日、年初来高値を更新した銘柄（一時更新も含む）

【注】ニュースや決算発表などによる買い継続で、株価が年初来高値を更新した銘柄

市場別：全市場 1部 2部 新興

時価総額別（単位：億円）：全銘柄 -50 50-100 100-300 300-1000 1000-

1 2 3 次へ> 50件 株価更新

2021年04月14日 13:35現在 126銘柄 株価20分ディレイ → リアルタイムに変更

コード	銘柄名	市場	株価	前日比		ニュース	PER	PBR	利回り
1323	野村南ア40	東E	430	+4	+0.94%	NEWS	–	–	–
1393	UBS米国株	東E	45,000	−150	−0.33%	NEWS	–	–	–
1419	タマホーム	東1	2,392	−45	−1.85%	NEWS	13.5	3.02	3.76
1460	MXJクオ	東E	24,530	+430	+1.78%	NEWS	–	–	–
1495	日興アジリト	東E	10,500	+180	+1.74%	NEWS	–	–	–
1543	純パラ信託	東E	89,400	+1,800	+2.05%	NEWS	–	–	–
1545	野村ナスダク	東E	15,440	+110	+0.72%	NEWS	–	–	–
1675	WTパラジ	東E	28,080	+530	+1.92%	NEWS	–	–	–
1739	SEEDH	JG	756	−7	−0.92%	NEWS	4.7	0.82	1.32
1770	藤田エンジ	JQ	1,006	+42	+4.36%	NEWS	9.7	0.67	2.98
1942	関電工	東1	1,010	+7	+0.70%	NEWS	10.7	0.80	2.77
2153	E・JHD	東1	1,180	+95	+8.76%	NEWS	9.4	0.85	2.29
2305	スタ・アリス	東1	2,426	+101	+4.34%	NEWS	15.5	1.63	2.06
2332	クエスト	JQ	1,928	+88	+4.78%	NEWS	16.0	1.96	1.97

株探の本日、年初来高値を更新した銘柄（https://kabutan.jp/warning/?mode=3_3）

▶情報収集

137

スピード感のある情報はソースの確認を重視

期間限定 デイ

▶短期売買はスピードが大事ただし信頼性が落ちる点に注意

投資関連の情報は複数の媒体で入手できる。短期売買ではツイッターなどリアルタイムで動く媒体が役立つだろう。一方、雑誌（特に月刊誌）などは情報が記事化されるまでのタイムラグがあるため、短期売買では役に立たないことが多い。銘柄選択するアナリストも、推奨する銘柄が発刊日までの間にどう動くか読めないため、無難な銘柄を推奨する傾向がある。

これらから、短期売買では鮮度が高いネット上の情報が重要といえるが、自分自身でもそのネットの情報の信頼性を確認し、確実なソースを当たるといった習慣はつけておきたい。

☰早耳アカウントにも注目

株式情報市場（@yuria2122）のように、ニュースを迅速なスピードでつぶやく早耳アカウントもある

制度・情報収集

▶制度

138 東証再編による昇格・降格に注目

期間限定

▶株価の急騰落が激化することも

JPXは2022年４月に東証を現在の４市場から「プライム」「スタンダード」「グロース」の３市場に再編をする。東証再編に際して上の市場へ昇格する銘柄は、注目度が上がることにより、上場後も株価の上昇が続くことが考えられる。

一方で、東証再編により降格や廃止に追い込まれた場合には、株価が急落する可能性もある。特に子会社株を狙う場合は、親子上場の廃止が決定するかどうかに注目する必要がある。

これが決定した場合、保有している子会社銘柄の株価が急落することも考えられるため、発表前にあらかじめ売り逃げておくのもひとつの手だろう。再編時に利益を得るには、今後、子会社をTOBするであろう企業銘柄をTOB寸前に買い、時価総額が増加したタイミングでの売りを狙うのがおすすめだ。

東証再編による新しい区分

現在の市場区分	新市場区分
東証一部	プライム市場
東証二部	スタンダード市場
JASDAQ（スタンダード）	
JASDAQ（グロース）	グロース市場
マザーズ	

4
5

▶情報収集

139 大株主が入れ替わった銘柄に期待

信頼度高!!

▶海外政府が大株主として名を連ねることもある

四季報やIR情報で「投資株主」の欄を見た際はまず、前回号と比較してこれまでいなかった投資家や政府が名を連ねているかどうかに着目するとよい。

例えば近年ではフィデアHD（8713）、池田泉州HD（8714）などの地方銀行銘柄にノルウェー政府が大株主として名を連ねている。地方銀行再編の動きがあるなかで、中長期的な価格上昇を見越したことや、また金融緩和下での業績悪化に伴って配当利回りが上昇したことで、投資先として選ばれたと考えられる。

多額の資金を投じる大株主に信頼できる企業や機関の名があれば、投資先の企業も信頼できるといってよいだろう。

大株主ランキングで有力投資家を知る

現在の保有金額順　現在の保有企業数順

保有金額順 ページ1　【 計 13,817 件 】

順位	大株主名	業種	現在の保有金額	現在の保有企業数
1	日本トラスティサービス信託銀行	全て	52兆円	1,786
2	日本マスタートラスト信託銀行	全て	46.7兆円	1,885
3	財務大臣	全て	10.5兆円	2
4	JPMORGANCHASEBANK	全て	8.8兆円	294
5	日本生命保険相互会社	全て	5.5兆円	419
6	トヨタ自動車	全て	5.4兆円	49
7	日本郵政	全て	5.1兆円	3
8	ソフトバンクグループジャパン	全て	4.9兆円	1
9	SSBTCCLIENTOMNIBUSACCOUNT	全て	4.3兆円	159
10	ジエーピーモルガンチエースバンク	全て	3.4兆円	67
11	ティディ	全て	2.8兆円	1
12	明治安田生命保険相互会社	全て	2.6兆円	247
13	豊田自動織機	全て	2.6兆円	15
14	孫正義	全て	2.5兆円	2
15	三菱UFJ銀行	全て	2.5兆円	570

フィデアHDの大株主や保有金額を確認できる。
Ullet（http://www.ullet.com/stock/search.html）

140

フシとなる数字は書き出しておく

信頼度高!! スイング

▶前日の高値やフィボナッチ・Rの値がフシとなる

前日の高値安値は売買における判断目安のひとつ。なので、その日のトレードの前に確認し、書き出しておくのがおすすめだ。

例えば、相場には前日の高値をひとつのフシとして、その手前で失速するという特徴がある。その後、前日の高値を更新したら、やや上値が軽くなり、利益確定のめどにしやすい。特に前日高値や最高値は、更新した際にカギとなることも多いため、記録しておくとよい。

また、具体的な数字として、フィボナッチ・リトレイスメントの値を記録しておくのも役に立つ。トレンドが発生している相場でも、値動きは常に「戻り」の動きを繰り返している。上昇相場における押し目や下降相場における一時的な上昇に対して、起点を見つけるために有効なのがこの数字なのだ。

このように、「フシ」となる数字を記録しておくと、価格推移を把握しやすくなるのだ。

相場動向を一目で確認する

トヨタ自動車(7203) 日足 2015年~2021年

141

短期でも長期株主優待を効率よく受ける方法

信頼度高!!

▶連続して権利日を持ち越して長期株主のメリットを得る

優待銘柄のなかには、長期で保有している人の優待品がランクアップするものがある。例えば、2年以上持っている人が豪華な優待品をもらえたり、2年以上持っていないと優待品がもらえないといったケースだ。

そのような銘柄は端株で1年中保有しておくようにする。あとは短期取引で権利獲得日だけ買っておくようにする。そのほかの日は保有しなくても、端株のみ継続保有していれば、2回連続で権利日を持ち越せば2年持っている株主とみなされる。

優待株は値動きが安定しやすいが、長期で持つと地合いの影響で株価が下がることもある。また、短期売買では資金の回転が重要であるため、保有期間中の資金拘束も避けたい。

資金の拘束がない優待獲得方法

端株で1年以上保有!

権利日だけ2年連続で持ち越し

買 → 権利獲得日 → 売 → 1年後 → 買 → 権利獲得日 → 売

資金の拘束を回避しつつ、優待のランクアップなどが受けられる

※最近では、端株だけ長期保有して権利日だけ買って持ち越す方法を認めない企業も増えている。

▶情報収集

142

自分なりの得意な情報収集手段を持つ

信頼度高!! リスク大!! 期間限定

短期売買であっても、業界やセクターに関する情報は多いほうが有利。情報が多いほど値動きを考えやすくなり、売買戦略も立てやすくなる。その際に重要なのが、買いたい銘柄や気になる銘柄の業界動向を調べること。

例えば、身の回りに関連業界に勤めている友人や知人がいるかもしれない。業界のことは業界の人に聞くのが最も信頼性が高い。

また、兼業投資家の場合は、日々の仕事を通じて情報収集に役立つ。IT、飲食、輸出など、自分が働いている業界を見渡すことで、業界の景気動向やトレンドなどが掴めることも多い。人脈や日々の仕事で得られる実感などは投資と結びつけることで大きな武器になるだろう。

▶情報収集

143

日経平均プロフィルを活用して相場理解をする

デイ スイング

株価が上がりやすい日、下がりやすい日を調べるには、日本経済新聞がWEBで公開している「日経平均プロフィル（※）」のWEB騰落率カレンダーをチェックするのが便利。

日経平均株価が前日比プラスを勝ちと、マイナスを負けとした星取表が掲載されている。

毎週末に、これをチェックした後、現在の株価をチャート分析して、ざっくり１カ月間の相場展開を想定したうえで、実際の個別銘柄の選択に活かすと、株式相場を理解より理解できるようになる。

※https://indexes.nikkei.co.jp/nkave

1
2
3

4
5

▶情報収集

144

銘柄調べをルーティン化させる

信頼度高!!

▶適時開示やTwitterを見て値動きの理由を調べる

株価は毎日変わる。企業を取り巻く環境も常に変わっている。そのため、魅力ある銘柄を見つけるためには、日々、情報を集めることが大事。例えば、東証の適時開示情報を見て気になった銘柄や、Twitterなどで話題になった銘柄について調べることができる。

また、その日の値上がり率が大きかった銘柄や、出来高が急増した銘柄について、理由や背景を調べてみることもできる。重要なのは、情報収集を日々続けること。例えば１日３銘柄ずつ調べることを日課にすれば、半年で500銘柄、１年で1000銘柄以上の情報が得られる。すぐに魅力的な銘柄が見つかるわけではないが、毎日続けていれば見つかる可能性も高まる。

銘柄調べの進め方

東証の適示開示情報 | Twitter | 値上がり率など

↓

気になった銘柄を3つほどピックアップし業績や背景などをチェック

↓

続けて行けば半年で500銘柄以上の銘柄調べが可能

▶情報収集

145

わからないことはIRに確認する

信頼度高!!

▶企業のサイトなどをあたり情報の真偽を確認

思い込みは思わぬミスを生む。例えば、決算は場が引けた後に出ることが多く「引け後に決まっている」と思い込みやすいが、場中に出る場合もある。そのため、決算など値動きに大きく影響する情報は毎回しっかり確認することが大切だ。

また、保有銘柄や買いたいと思っている銘柄については、不明な点、わからないことがないようにしておくことが大事。

ネット上では噂レベルの話が真実のように飛び交うこともあり、新聞報道が間違っていることもある。そのような情報に惑わされないように、知りたいことや、真偽不明の情報については企業のウェブサイトを確認する。IRに電話して確認するのも確実な方法だ。

☰情報の真偽を確かめる

マルハニチロ（1333）のお問い合わせフォーム（https://www.maruha-nichiro.co.jp/corporate/contact/inq02000.html）

▶情報収集

146

銘柄の信頼性を示す流動性基準に着目

信頼度高!!

▶流動性が高ければ好きな価格で売買できる

買いたいときに買いたい価格で買って、売りたいときに売りたい価格で売れなければ、損失ばかりが増えてしまう。これを防ぐために、流動性基準が設けられている。

200億以上を稼ぐ有名短期投資家のcisさんも銘柄の持つ勢いの強さを判断する際に、流動性の高さを判断基準のひとつとしているそうだ。

また、2022年４月に行われる予定の東証再編では、海外市場と同水準の基準が設けられるため、流動性基準が再編前より厳しくなる。

この流動性は、「株主数」、「流通株式数」、「株式時価総額」で示される。銘柄選択の際には四季報やIR情報で確認し、これらが小さい銘柄は避けよう。

☰IR BANKで流動性を見る

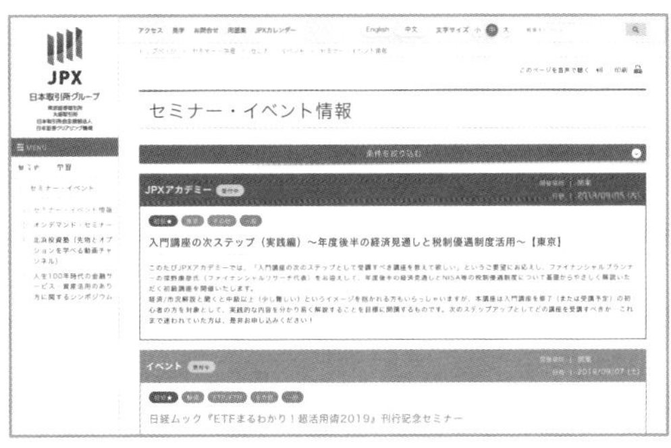

日本取引所グループHPセミナーイベント情報（https://irbank.net/4452/ir）

▶情報収集

147

セミナー中でもリアルタイムで売買する

信頼度高!!

▶投資情報は扱う人が多いほど相場に大きく影響する

注目を集める投資家のオンラインセミナーは、1000人以上の人が参加する規模の場合に有効だと投資家の伊藤さんはいう。例えば規模の小さい50～100人ほどの少人数で行われセミナーでは、セミナーで得た情報が相場動向につながる可能性は低いが1000人以上の参加者がいると、相場に与える影響が大きくなる。

登壇した投資家が注目企業を挙げたら、オンラインセミナー中でも、その場で買い、買値を超えたらすぐに売るという手法をとる。その場で売買をすることで、利益を得る確率が上がる。

ただし、セミナーで得た情報を鵜呑みにすることは控えたい。特に、おすすめの銘柄などを示された際には、登壇者の思惑が組み込まれていることもある。該当銘柄のチャートを少なくとも過去3年ほどさかのぼり、値動きのクセを見て成長を期待できる場合のみ買うようにしよう。

悪質なセミナーに引っかからないよう注意をしながら、セミナーをフル活用して、情報収集をしていこう。

ネット証券で知られている楽天証券では、定期的に「勉強会」を実施している!

▶情報収集

148

無名な指標でも相場に影響を与えることがある

信頼度高!!

▶工作機械受注の推移から今後の値動きを予測する

国内の経済指標はあまり株価材料にならないことが多いが、最近連動が見られるのが工作機械受注の統計だ。機械受注統計のほうが有名だが、実はOECD景気先行指数との連動性があるため、世界の景気循環を映す指数ともいえるのだ。

工作機械とは自動車、スマートフォン、家電製品などに使われるものであり、主に金属製の精密部品の加工を行う際に用いられる。その受注状況を、日本工作機械工業会がまとめて発表している。

長期投資家が経済の先行指標として参考にするだけでなく、短期投資家も発表翌日の工作機械銘柄の動きを予測するうえで活用できる。なかでも受注の伸びが大きかった銘柄には注目が集まる。

あまり知られていない指標でも相場に影響する場合もあるため、ホームページで直接確認して利用したい。

工作機械統計を確認する

工作機械統計

受注統計　速報

2021年3月分 New

※次回公表予定日：2021年5月17日（月）15時以降

受注統計　確報

日本工作機械工業HP（https://www.jmtba.or.jp/machine/data）

▶情報収集

149

テーマは世の中のニーズによって構成される

期間限定

▶特に米国でのワクチントラブルは経済に悪影響

ワクチン接種率によって、国別のアセットアロケーションが行われているとの観測もあるように、長期投資家だけでなく、短期投資家も高い関心を持っているのが、ワクチン接種に関連する話題だ。米国や欧州でのワクチン接種進展が報じられれば、リスクオンムードとなりやすい。一方で、ワクチン供給の遅れや接種時のトラブル、重篤な副反応の発症などが伝わればリスクオフとなるだろう。

特に米国は接種進展による経済回復を前提に株価が形成されているため、悪いニュースへの反応は大きくなると考えられる。

国内ではワクチン確保、接種の開始や進展が好材料になる。このような場合は、まずは少額の資金で投資でき、また、下落局面でも利益が出せる日経平均先物で、買いを入れるのがよいだろう。

4月から高齢者への接種が始まり、ここで懸念されているのが接種を担当する医師、看護師の人手不足だ。この問題の解決に向けた動きがあればテーマになる可能性が高い。注射器に関する報道なども材料となるが、既出のものであれば反応は限定的だともいえる。

テーマは世の中で必要とされるものから構成される。世間の動きに敏感になって、市場のニーズを把握し、いち早くテーマを把握しよう。

OECD景気先行指数

OECD（経済協力開発機構）が、主要国の経済指標に基づいて作成している指数のこと。世界の経済の先行きを予想する際に有効である。

アセットアロケーション

投資資金を株や債券に振り分ける割合を決めること。分散投資をすることで損失が増えることを防いでいる。

▶情報収集

150

ラジオNIKKEIで上昇銘柄を見つける

期間限定

▶番組開始後 出演企業の発表に注目

個人投資家が聴くラジオNIKKEIでは、数多くの上場企業の経営者が出演するIR（投資家向け広報）番組が数多くある。そのなかで、相場の福の神こと、藤本誠之さんがメインパーソナリティーを務める「この企業に注目、相場の福の神」毎週火曜日11時15分～、金曜日14時30分～は、唯一ザラバ中に生放送で放送される番組。また、番組が始まるまでどの上場企業の社長が出演されるか、伏せられているため、番組開始後、出演企業が発表されるとその企業の株価が上昇することが多いことを利用して上昇銘柄を見つけることができる。

毎週火曜日·金曜日の放送をチェックする

「この企業に注目、相場の福の神」番組ページ（http://www.radionikkei.jp/fukunokami/）

▶制度

151

短期売買こそ手数料を抑える

信頼度高!!　リスク大!!　

トレーダーにとって手数料は実質的なマイナス。利益を最大化するためには、できるだけ手数料負担を小さくすることが重要だ。例えば、10万円以下の株を売買するのであれば松井証券は手数料が無料になる。

また、松井証券はデイトレ（信用取引）の手数料も無料になるため短期トレーダー向きといえる。狙っている優待銘柄などがある場合、その時期から逆算し、新規口座開設で手数料が無料になるキャンペーンを活用するといったこともできるだろう。

手数料体系は変わることがあり、トレードする頻度や内容などによってもお得な証券会社が変わるため、複数の口座をつくっておくとよいだろう。

▶情報収集

152

オンラインサロンで他投資家の動向を把握する

近年のコロナ禍では、オンラインサロンに参加する人が増えている。

直接会場に集まるわけではないため、賛否があるが、書かれている銘柄を買うだけではなく、自分の保有する、または市場が注目する銘柄への他投資家の動向を把握するには、よい機会となることが多いと投資家のVさんはいう。

参加費は少々かかるが、情報の優位性が利益につながると判断できる場合には利用してみてもよいだろう。

オンラインサロン

参加者同士でディスカッションをしたり、有名な投資家や金融機関出身者による投資に関する講義を受けたりできる。月額会費制の場合が多い。

▶情報収集

153

短波放送が受信可能なラジオで超先回り買い

デイ　期間限定

テクニック150に関連して、個人投資家がラジオNIKKEIで情報収集する際には、スマホのradikoのアプリや、PCのストリーミングで聴く方が大多数。だが、これらはもともと短波放送によって発信されている情報を、それぞれのアプリケーションで受信して放送しているものである。

大本のアンテナ受信の短波放送と比較すると、ストリーミングのほうが数秒遅れて受信するため、短波放送が受信できるラジオを用意すれば、数秒の先回り買いが可能となる。

▶情報収集

154

注目度を見たいときは掲示板の投稿数を確認

デイ　スイング

銘柄の注目度を確認する方法はTwitterや掲示板などいろいろとあるが、「Yahoo!ファイナンスの掲示板投稿数（※）」を見るのもひとつの手だ。ここではYahoo!ファイナンスが提供する掲示板への投稿が日ごとに多い銘柄をランキング形式で掲載しており、一目で注目度の高い銘柄を確認できる。

リンクがついているのでそのまま掲示板に飛ぶこともできるが、そこに書かれている内容が100%正しいわけではないので、あくまで注目度を測る指標として見たほうがよいだろう。

※https://info.finance.yahoo.co.jp/ranking/?kd=56&mk=1

▶情報収集

155

年4回の四季報発売日の朝は狙い目

信頼度高!!

▶「業績」と「株主」に注目

四季報を発売日の前の日に届くようにすると、翌日の寄り付きの時点で、最新刊の四季報に掲載された情報を活用することができる。

例えば、発売日が月曜日から金曜日の間であれば、前日の夜に情報収集し、翌朝の取引から活用することができるのだ。

このように発売日前日に四季報を見れる場合は「業績」と「株主」に注目するとよいだろう。

例えば、四季報に掲載される株主は総株式の５％を超えている大株主であるため、以前には書いていなかった株主がいる場合は、その人の投資銘柄を追ってみると、注目すべき業界の視野が広がるだろう。

また、２期または３期連続の売上高上昇などがみられる企業は今後も伸びていく可能性が高いといえる。

四季報が発売日前に手に入った場合は、このような視点をもとに情報を取り入れていこう。

一足早く新規情報を得てお得に勝とう!

▶情報収集

156

投資判断にIRフェアを活用する

信頼度高!!

▶雑談程度でも思わぬ情報を得られる可能性がある

ファンダメンタルズなどの基本的な判断材料を精査したうえでの話だが、IRフェアも投資判断における材料のひとつとして活用できる。

IRフェアでは企業の担当者に質問できるため、株主総会やIRへの問い合わせなど通常の接点よりも、より手軽な形で質問できる機会が得られる。雑談程度でも思わぬ情報を得られる可能性があるので、通常のファンダメンタルなどにプラスして情報を得たい場合は参加してみるのもよいだろう。

新型コロナの影響で、2020年はオンライン開催のみであったが、2021年は会場型とオンライン型を併用した「ハイブリッド型イベント」として開催される予定だ。IR初出店企業など今後の事業拡大に積極的な企業をターゲットに参加してみるとよいだろう。

日経IRフェアで情報収集

▶情報収集

157

銘柄LIVEでつぶやきと値動きを一括表示

期間限定　デイ

▶注目されている銘柄がひと目でわかる

Twitterに関連した情報の検索方法。チャートなびが運営している「銘柄LIVE」というウェブサービスでは、右図のようにリアルタイムにつぶやかれている銘柄が、チャートとそのつぶやき両方同時に一覧で表示される。

また、つぶやかれた回数も銘柄の横のカウンターで確認できるため、Twitter上でつぶやかれている銘柄の注目度と値動きを同時にチェックすることができるのだ。短期では勢いのある銘柄に乗るのもひとつの方法。こうしたサービスを利用してみるのもよいだろう。

銘柄と注目度を同時にチェックする

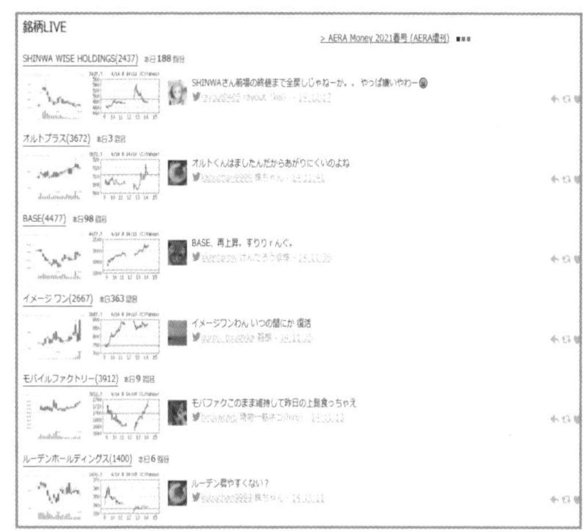

銘柄LIVE（https://meigaralive.com/）

Section.5
投資家の考え方

投資において自分の考えを持つことは非常に大事。
稼ぐ投資家や支持されるアナリストたちの考え方を知っておこう。

▶考え方

158

地場証券でストップ高時の売り板を取りにいく

信頼度高!!

▶大手証券会社では抽選に通る確率は低い

当日の終値がストップ高やストップ安で決定される場合、注文状況によっては通常の板寄せとは異なる「ストップ高比例配分」と呼ばれる方法で売買が行われる。

ストップ高比例配分では、成立した株数が各証券会社に一定のルールで配分され、その割り当てによって各証券会社は配分された数量を投資家に割り当てる。

基本的に証券会社への割り当ては抽選で行われるため、大手証券会社やネット証券以外にも複数の小規模な証券会社、いわゆる「地場証券」での申込みもしたほうが抽選に通る確率を高めることができる。

その点からすると、複数の地場証券の口座を開設しておくメリットがある。なお、店頭証券や地場証券における申し込みは原則、電話連絡が主となる。

▶考え方

159

PTS取引口座をつくっておくと優位性がある

信頼度高!!

▶日本市場が閉じていても売買できる

個別株の値動きは、業績やチャートなど当該銘柄個別の事情に左右されることが多いが、当然全体相場の動向にも影響を受ける。これは日本市場だけの話ではなく、例えば米国の全体相場が大きく下げた翌日は、日本株も連れ安する場合もある。

ただし、通常の口座において、株の売買は昼の休憩時間を挟んで9時～15時の間でしかできない。そのため海外で夜間に大きな変動があり、日本市場もその影響で下落することがある程度想定できていても、ポジションを持ち越すような場合は対応が遅れて思わぬ損失を被る可能性がある。

そこで、夜間取引・PTS取引ができる口座を作りその口座で売買をすると、日本市場が開いている時間以外も売買できるようになり、仮に海外で変動があった場合は、翌日に備えて先にポジションを軽くしておくなど機動性を持った対応が可能になる。

▶考え方

160

米国株の売買も視野に入れておく

信頼度高!!

▶ YouTubeやブログの解説も頼りにする

短期売買においては、個別の業績なども精査しつつ「動きのある相場」に参加することが重要だ。その意味では、売買する対象を日本株だけにこだわる必要はない。特に米国株は売買のシステム面でもネットを介した注文であれば、国内株の取引とそん色なく行うことができ、ここ数年大きく相場が上昇傾向にあるという点だけを見ても、投資対象として魅力的だ。

ただし、米国株であっても投資判断においては業績などのファンダメンタルズを参考にする必要がある。AmazonやAppleなど大きな企業ならまだしも、米国内の小型株については決算書を読み込まなければスケール感などを判断しにくく、言語的ハードルも高い。その際に、米国株ならではの特徴や、リアルタイムの人気ランキングなどを解説する投資家や現地日本人などのYouTubeやブログを頼りにするのも方法のひとつだ。

YouTubeから有力情報を得る

▶考え方

161

店頭証券の口座を１社は開いておく

信頼度高!!

▶ 証券マンの持つ「情報」で売買の選択肢を増やす

短期売買においては、ネット証券は発注などの面で利便性が高く、基本的に店頭証券で取引するメリットはほとんどない。また、店頭証券で口座を開設すると営業もワンセットになるため、そうした点も面倒だと感じる投資家は少なくないだろう。

ただし、そうした営業マンの推奨銘柄自体にあまり意味はないが、証券会社の持っている「情報」については価値があると投資家のJACKさんはいう。

例えば新しく発売される投資信託の種類がいち早くわかれば、組み込みの可能性のある銘柄をチェックするといった活用法が考えられるため、１社くらいは付き合いをしてもよいだろう。こうした情報を得るには、営業マン経由の推奨銘柄や投資信託などを買って信頼関係をつくる必要がある。この場合に発生する株価の下落リスクについては、ネット証券で同一の銘柄を空売りして両建てしておけば、手数料のみのコストで相殺することができる。

営業マンとの信頼関係を築いて、有力情報を手に入れよう!

▶考え方

162

短期売買では株価の動きの読み合いが重要

デイ

▶相場は「上がる」「横ばい」「下がる」の3択

投資では分析方法としてほとんどの人がテクニカルか、ファンダメンタルズのいずれかを利用するが、ここで重要なのが時間軸で、取引する足が短くなればなるほど、テクニカルの比重が上がっていく。

さらにもっと短いタームで売買をする際にはテクニカルでもなく、目先の需給の読み合いが重要。需給による取引では「株価がこう動いたら、こう動く」といった、株価の動きに合わせて株を操作をする必要がある。これまでの流れや参加者の動向を見ながら、次の一手を出していくが、ここから上がるか下がるかは、まさにじゃんけんの次の手を読む行為と同じ。相場を出し抜こうと、どんなに裏の可能性を考えていってもその後の値動きは、「上がるか」「横ばいか」「下がるか」という３つしかない。

したがって、短期売買に特化して売買していくときには、あまり多くの情報を入れすぎる必要はなく、損小利大を意識して、方向感に逆らっているようなときは枚数を減らしていくとよいだろう。逆に乗れたときはピラミッティング（テクニック192）で枚数を増やしていくような、枚数のコントロールがより重要となる。

▶考え方

163

短期売買では相場予想をしない

デイ　スイング

短期売買をするときには、我慢をしないほうがよいだろう。うまくいったらすぐ利益を確定する、やられたら損切り。それを淡々とこなしていくとよい。というのも、相場予想をしてしまうと、逆に行ったときにムキになって決済が遅れてしまうからだ。目の前の相場の値動きに対して思ったほうに張り、当たれば買い逆に行ったら売る。それを繰り返していくのが重要である。

短期売買の最大の利点は大負けがないこと。我慢をするということは損失を無為に拡大させる行為である。それでは短期売買の利点を殺してしまうのだ。

▶資金管理

ロットはステージごとに定額で管理する

信頼度高!!

資金管理の失敗としてありがちなのが、勝ちが続くとそれに応じてロットが大きくなり、たった一度の負けでそれまでの勝ち分を吐き出してしまうケース。いくら手法が優れていても、保有資金に対して一度で大きな損失を出してしまうと、そこでリズムが崩れ、さらなる失敗を呼び込んでしまうことが多いと投資家のVさんはいう。

そうした失敗を防ぐために、資産が1000万円までは取引に使える最大金額を300万円まで、資産2000万円までは上限に600万円というようにロットを定額にすることで、一度に損失する幅を限定でき、精神的な安定にもつながる。

▶考え方

165

スイングで保有する理由を明確にする

スイング

▶上方修正や黒字化といった自分なりの考えを重視

デイトレが「その日のうちに決済する」という時間的なルールを重視するのに対して、スイングは保有期間の幅が広い。決済するかどうかの判断も、１週間で売ろうといった時間的な要素よりも保有した理由や狙いが実現するかどうかが大切だ。

買う人はみんな値上がりすると思って買っている。材料が出る、上方修正が出る、黒字化するといった自分なりのストーリーを思い描いている。重要なのは、そのストーリーが実現しそうかどうか確認すること。情報収集を重ねることで実現性を見る精度が高まる。仮に買値より下がったとしても、ストーリーを覆すような悪材料がないのであれば我慢したほうがよいときも多い。

スイングでもつ際のイメージ

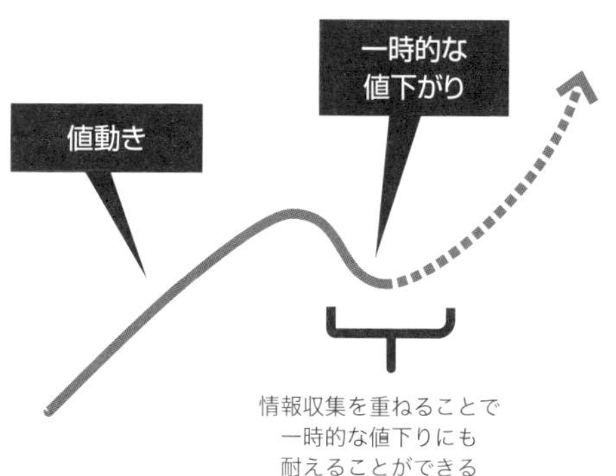

▶資産管理

166

原因を追究して冷静に売買判断をする

信頼度高!!

▶復活が見込めそうなら保有を続けるのもあり

日本の株式市場で生き残るには、損切りテクニックを十分に知っておく必要があると投資家の伊藤さんはいう。その理由は、日本の株がすでに高騰していることにある。実際にコロナ禍の影響もあるが、2021年５月現在、日経平均株価は２万8000円前後で推移しており、今後大きく下げたとしても再び上昇し、新たに高値を更新することが予想される。

中長期投資に比べてリスクの高い短期売買では、テクニック63やテクニック188などのような損切りテクニックを身につけておく必要がある。そのためには一定の投資金額に対する割合で基準を設けておくとよいだろう。

ただし、下降している原因を追究し、今後復活が見込めそうならば、保有を続けてもよいと伊藤さんはいう。

例えば下降している原因が、局地的な自然災害など人為的問題以外の場合や、新規事業への投資に資金をつぎ込み決算状況が悪化したことによる場合などは、下降していても保有を続けてよいだろう。

保有する銘柄の株価が下降すると焦ってしまう人も多いだろうが、マイナスへ直結した下降なのか、プラスへ進んでいくための一時的な下降なのかを冷静に判断することが大切だ。

▶考え方

167

指値注文の価格は少し上下が丁度よい

▶「せこい」指値は トレンドで買いそびれる

個人投資家の「あるある」として、なぜか自分が買う銘柄は下がり、売る銘柄は上がるということがある。このような投資家の多くが、指値で株式を売買しているようだ。しかも、買い注文の場合は現在値よりかなり安い価格を指値注文をしており、売り注文の場合は、逆にかなり高い価格を売り指値注文している。

この「せこい」指値が、約定してから株価を反対に動かせている。せこい指値では上昇トレンドでは買えず、下落トレンドに転換したタイミングで買い､逆に下落トレンドでは売れずに、上昇トレンドに転換したタイミングで売るからだ。現在値より少し上の指値買い注文、逆に少し下の指値売り注文がおすすめだ。

「せこい」指値は そのまま下がる

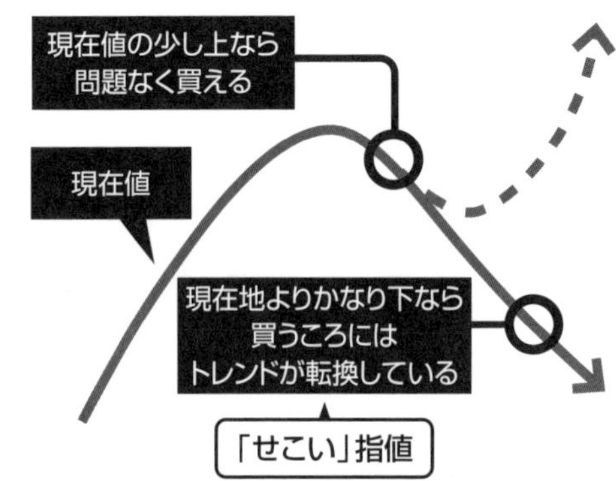

▶考え方

168

「利食いは万人力」で長く持たない

信頼度高!!

▶利食いできれば 再投資もできるメリットがある

通常、短期売買は「スイングトレード→デイトレード→スキャルピング」というように、トレード期間が短くなればなるほど値動きの幅は小さくなるため、長期投資に比べて利幅が小さくなる。そのため、細かく利確していくことが勝率を高めるコツだ。利食い後も株価が上昇して「まだ持っていたらよかった」と思うのはナンセンス。こうした考えは塩漬けにつながってしまうからだ。また、株の上昇あるいは下落エネルギーが大きいことを確認できれば、再度エントリーして何度も利幅を取ることができるというメリットにも目を向けたいところだ。

短期投資のイメージ

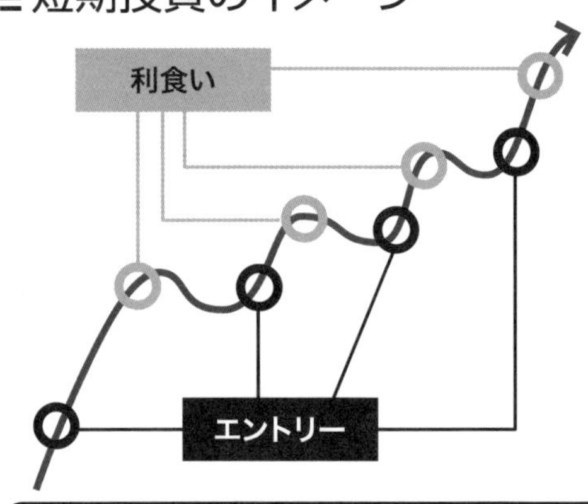

▶考え方

169

売りどきを決めてから売買する

買い手はみんな上がるだろうと思って買う。重要なのは、その「上がるだろう」というイメージを具体的にすることだ。いつ、いくらになったときに売るという出口（売りどき）を決めておくことで、売りどきの判断がしやすくなる。途中で方針を変え、下がった株を持ち越してしまうと、人は心理的に損が大きくなればなるほど損切りをし辛くなる傾向にあるため、塩漬けにしてしまうといった失敗も減らせる。たとえば、決算がよさそうだと見込んでスイングで買うとしたら、決算が終わるまで売らず、終わったら売る。デイトレの場合なら、価格がひとつの基準になるだろう。損切りラインを決める際に、100円割れたら売る、割れそうになったら売るとあらかじめ決めておくことで、事務的に売ることができるようになる。

▶アノマリー

170

ジブリの放送日は株価が荒れやすい

日本テレビの「金曜ロードSHOW！」でスタジオジブリの作品が放送されると、株や為替相場が荒れる「ジブリの呪い」というものがある。

というのも、ジブリ作品が放送された翌日以降の最初の取引日で東京市場の為替相場で円高が起こり株価が下落しているほか、ジブリ作品が放映される日と米国雇用統計が発表される日が重なると、とりわけ円高・株安に振れやすい統計があるからだ。

ジブリ作品の放送日と米国雇用統計が発表される日が被るときは、株価の値動きにより注意するとよいかもしれない。

▶考え方

171

個人投資家は利益の積み重ねを意識する

信頼度高!!

▶保有銘柄が吹き上がったらこまめに利確する

株式投資において、損切りの重要性は書籍などで解説されることが多いが、ある程度利益を出せるようになってくると損切りよりも利確の方が難しいと感じる投資家も多い。

例えばエントリー前にシナリオを組み、「○○円まで上がったら利確」と想定していても、実際にその価格に近づくと欲が出て利確できないケースや、逆指値注文を置いた価格の少し手前で反落して状況判断が雑になってしまうケースはままある。

一般論として「利益を細かく確定しすぎると大きく稼げない」という意見もある。しかし、地合いの流れが難しいときは、「とにかく年間で収支がプラスで終えること」だと投資家のJACKさんはいう。

そのためにも、大きな損失を出さないようにロスカットの管理は行いつつ、保有銘柄が吹き上がったらこまめに利確するなどして、複数のトレードを通じて利益を積み重ねるやり方を意識したほうがよい。

細かく利確して
収支をプラスで
終えよう!

▶考え方

172

アノマリーでは相場は張れない

▶検証してみると旨味のないことも多い

相場の予想などでたまにアノマリーというものを見かけることある。アノマリーはたしかにおもしろく、発想や着目点に感心するようなものも見かける。しかし、過去にはそういったことが起きたことがあるかもしれないが、今後その現象が示現するという保証は何もない。

例えばアメリカの株の格言で、「セルインメイ」という言葉があり、これは「5月には株を売ったほうがいい」というもの。1900年〜2018年までのNYダウの値付きで調べてみると、同期間で5月末に株を売って9月末に買い戻していたら、45勝73敗と大きく負け越しとなり、1年単位での投資戦略としてうまくいかないことを示したほか、短期の目線でも、「5月には下げ基調」「9月には上げ基調」をベースにした取引でうまみがないことがわかったのだ。

ただし、需給要因と重なり、アノマリーが当たることもある。少なくとも、アノマリーだけで、相場予想の妥当性が高まることはほとんどないのだ。

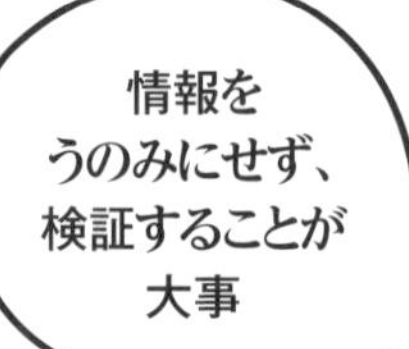

4
5

▶考え方

173

優待利回りは過去検証で確度を高める

信頼度高!!

▶過去5年分のチャートで値動きを確認

現在の株式相場において、優待先回り投資は比較的有効なトレード手法だ。

しかし、権利日付近に株価が上昇する傾向があるといっても、どの優待銘柄もそれに当てはまるわけではない。そのため、より勝率を高めるためには過去検証が必須となる。

少なくとも、ピックアップした優待銘柄の過去5年分のチャートから、権利日付近で株価上昇を伴う動きがあったのかを確認するとよいだろう。実際に先回り投資していた場合の勝率が70%、80%程度であれば、ある程度利益を出せる確率が高いトレードだといえる。

優待銘柄は権利日付近に上昇するという規則性がある程度判断しやすいため、こうした検証がより有効となる。

5年分のチャートを見る

花王(4452) 週足　2017年~2021年

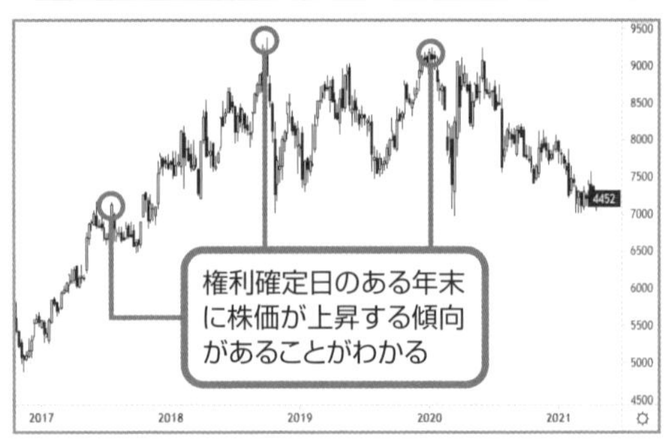

相場は順張りで参加すると苦しみが少ない

信頼度高!!

▶ストレスの少ない方法で短期投資を行う

相場に参加する方法として「ハル」「ノル」「キリトル」というそれぞれのやり方がある。

「ハル」は「麦わら帽子は冬に買え」という相場格言のように、みんなが見向きもしないような（安くなった）時期に仕込んでおいて、値上がりするのを待つというやり方。

こうしたやり方は長いスパンの逆張りのため、反対に動いた際はもとの価格に戻すのを待つ必要があり、利益が出るまで時間がかかるため、苦しんでいる時間も長いやり方でもある。

一方、上昇し始めた相場に順張りで乗っていくようなやり方が「ノル」。トレンドが出ている期間だけ投資するため、時間軸は「ハル」より短め、苦しむ時間も短めになるが、その分売買回数は増える。

「キリトル」は超短期で複数の商品の板の値動きのアヤを取っていくようなやり方。相場の方向性を見失いがちで、複数の商品を対象とするため、約定代金も大きくなるので上級者向け。

アナリストの叶内さんの知り合いのベテランディーラーによると短期売買では「ノル」を基本方針にすると、大きな損失を抱えない＝ストレスを溜めない投資ができるそうだ。

相場への3つの参加方法

1「ハル」

暴落時など、安くなったときに逆張りで仕込んで長期で保有する方法。価格が戻るのを待ってから売却するため利益が出るまでに時間がかかる

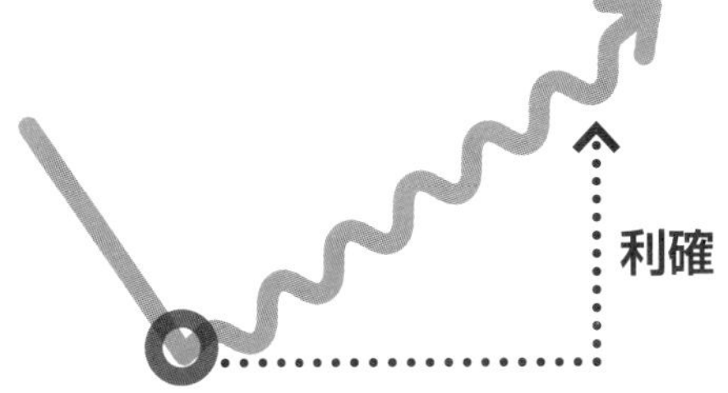

2「ノル」

利確

利確

相場の方向にあわせて順張りで投資する方法。トレンドが終わると利確になるため、投資回数は「ハル」に比べて増えるが辛い時期は短い

3「キリトル」

超短期で複数の銘柄の板の値動きを取るやり方。辛い期間はより短いが、1回の取引における金額が大きく、厳密な資金管理も必要になる

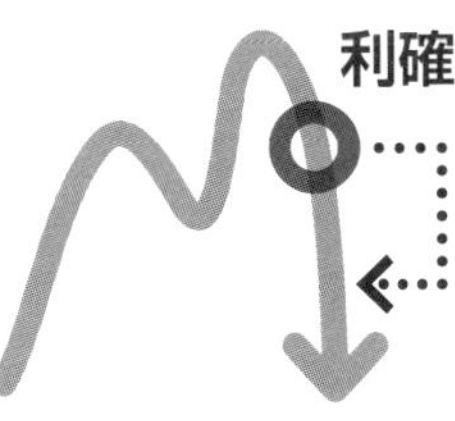

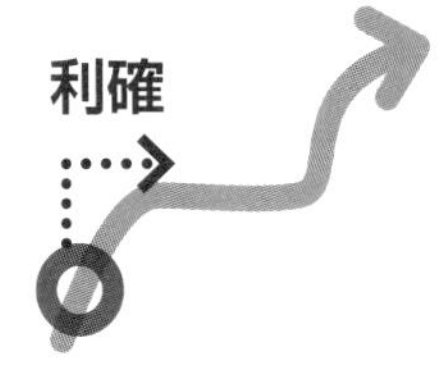

▶考え方

175

個人投資家は時間を味方につける

信頼度高!!

▶自分が有利なタイミングでトレードを行う

株式投資の知識や手法を学ぶと、つい目の前の相場で利益を出すことに集中してしまうが、個人投資家の「取引するタイミングを選ぶことができる」という一番のメリットを忘れてはいけない。

企業の運用部門で働くトレーダーは業務の構造上、日々「トレードしない」という選択肢を取れないが、個人投資家はトレードを行う日時を自由に決めることができる。特に日中、企業などで働いている兼業投資家は1日中相場に張り付けるわけではないので、自分がより有利なタイミングでトレードを行うという意識をより強く持っておいたほうがよい。

実際に全体相場が上昇していても、自分の相場観と合致しないのであれば、むやみにトレードを行わない、もしくは安い位置に指値を出しておくなど、少し守備的なスタンスで対応しよう。そして自分の得意な相場に切り替わったら積極的に仕掛けるようにして、時間を味方につけることで収益の向上につなげよう。

▶考え方

176

ファンダメンタルズは短期売買では通用しない

デイ　スイング

5年先10年先まで見据えて株を買うときにはファンダメンタルズで分析をする人は多いが、短期売買ではファンダメンタルズでは対処できなくなり、テクニカルチャート分析などで相場を測る人は増えていく。

それは、1日よりももっと短い期間でファンダメンタルズの変化を掴むことはできないからだ。数秒単位で売り買いする場合にはテクニカルも使いにくくなり、板状況と相場参加者の需給で相場を張るようになる。

テクニカルは、超超短期売買から超長期売買まで対応できるが、確度を上げるために別の要因も見ていくとよい。

▶メンタル

177

勝てる方法だけを模索する

デイ

投資家のVさんいわく、株取引での負けの原因はさまざまだが、資金管理などの失敗は除いて、その多くが「想定外の負け」にあるという。常に相場は変動しており、負けの原因はその時々によって異なることが多い。

トレードの記録を取り、負けた原因を研究して次に生かすというアプローチ自体は否定しないが、そもそも研究の目的は「トレードで勝って利益を出すこと」。負けの原因に再現性が少ないのであれば、負けたら負けたで理由は深く追わず、勝った場合は勝てた理由を検証したり、より勝率や期待値を上げる方法だけを模索することが利益を出すための近道だという。

178

決めた売買ルールは順守する

信頼度高!!

▶その場、そのときの心理で売り買いの判断を曲げない

人の気持ちは揺らぎやすい。自信を持って買った銘柄でも、値下がりすると不安になる。想像以上に上がると、浮き足立って乱暴なトレードをしてしまう。気持ちの揺らぎが原因で、売買方針を曲げてしまうこともある。

例えば、移動平均線を割ったら売ると決めていたにもかかわらず、別の理由を探して持ち越そうと考えてしまったり、悔しさを紛らわすためにナンピンしてしまったりするようなケースだ。それが損失を大きくする原因になる。

重要なのは、買ったときの方針を曲げないことだ。「デイトレで買った銘柄をスイングに変えない」「チャートがよいと思って買ったのであれば、チャートが悪くなるまで保有し、チャートが悪くなったら売る」というように、その場の心情に流されないように心がけよう。

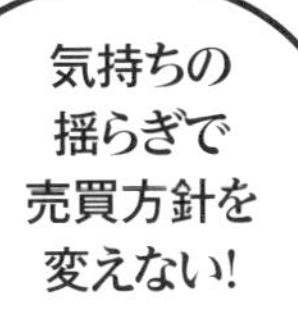

基本は決めた売買ルールに従う

日本郵船(9101) 日足 2021年1月~4月

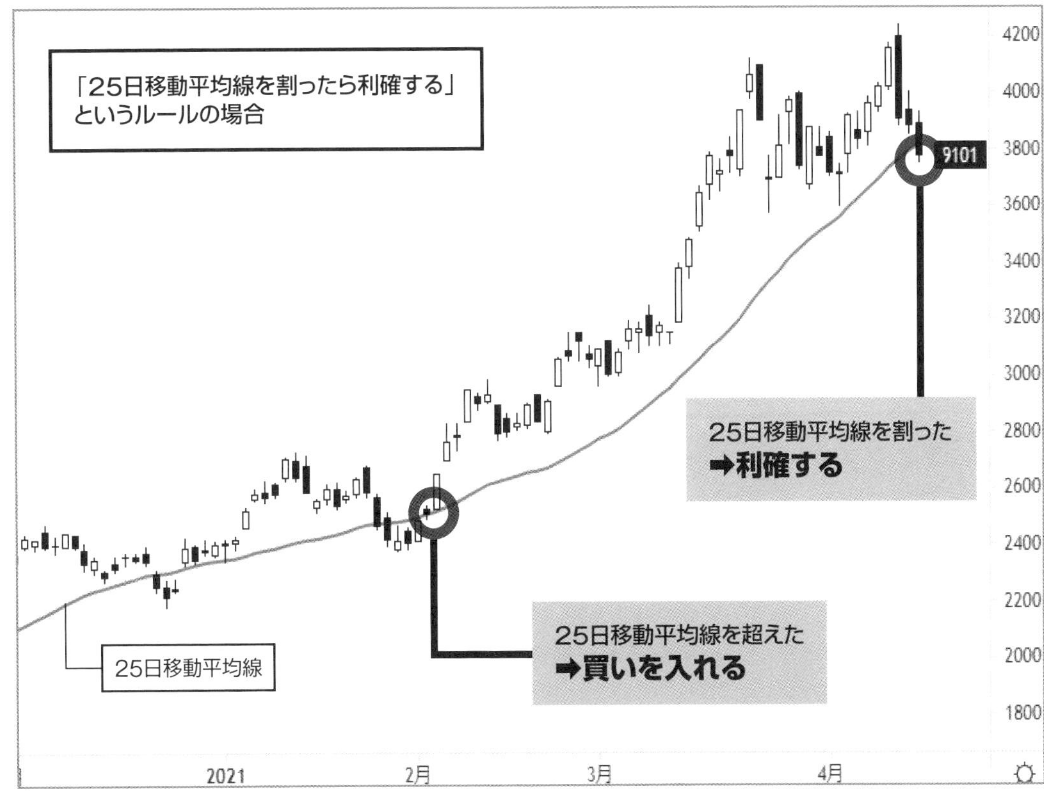

▶考え方 179

銘柄は2単元以上で買うべき

個人投資家の最大のウィークポイントは投資金額が限られることだとアナリストの藤本さんはいう。株式投資の場合、ほぼ100株単位なので、株価水準によっては、手が届かない高値の花となる銘柄がある。

ギリギリ100株単位（１単位）しか買えない銘柄は投資対象とすべきではない。１単位のみ保有の場合、売却･持続の２択しか選択できず、塩漬け株になる可能性が高いからだ。２単位買えば、全部売却・半分売却・全部持続の３択になる。また、１単位買ってから、下落してのナンピン買い、上昇しての追撃買いも可能だ。

１単位のみだと､多少上昇しても売りにくく、結果として塩漬け株となりがちだ。自分の投資金額の３割の資金で２単位以上買える銘柄を投資対象としたいところだ。

▶考え方 180

生き残るデイトレーダーの条件

スキャル　デイ

スキャルピングやデイトレードは「手法」「メンタル」「資金管理」すべてにおいて総合的にバランスが問われるため、中長期投資と比較して、長く投資を続けていくという面で難易度が高い。

投資家のVさんもデイトレードを中心に行う投資家だが、同時に中長期や四半期のスイングトレードなど、短期だけにこだわらないスタイルを模索し続けている。相場は常に移り変わるものという点を念頭に置いて、中長期のほうが利益を出せそうだと判断できればそちらに移行するなど、選択肢を短期投資だけに絞らず、柔軟に自分の利益を出せる場を優先することが生き残るために必要だ。

▶考え方 181

優待先回り投資は分散してトータルで勝つ

信頼度高!!

▶資金の振り分けで利益を出す可能性を上げる

優待先回り投資を行う際には、分散買いも合わせて行うと、より手堅いトレードができる。

例えば資金が100万円あったとして、過去数年の検証を行った銘柄の勝率が80%だとしても､1銘柄だけにすべての資金を注ぎ込むのは､失敗したときに大きな損失となる。そのため､複数の優待銘柄をあらかじめピックアップしておき、そこから過去数年の勝率が70から80%以上の銘柄に絞り込み、分散して先回り投資しておけば、１銘柄が失敗しても、資金全体で利益を出せる可能性は、かなり高くなる。

優待月やそれぞれの資金量で、どの程度分散するかは異なるが、３銘柄以上を目安に分散しておくとよい。

優待の検索サービスを活用

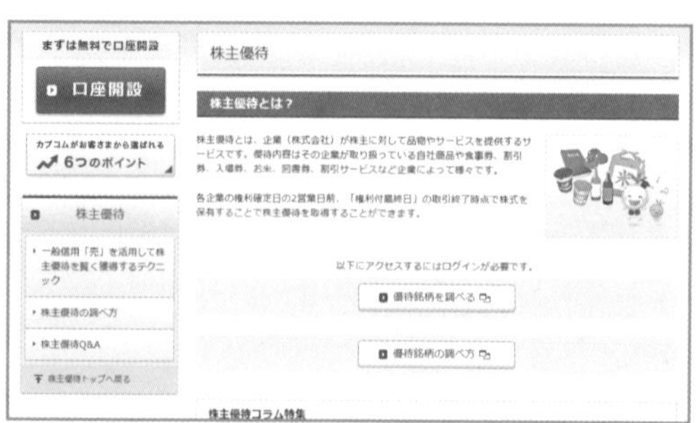

au株コム証券優待検索（https://kabu.com/item/yuutai/default.html）

▶考え方

182

大口の仕掛けが重いか・軽いかを考える

信頼度高!! デイ

▶大口に逆らう取引は損を生む

よく「ふるい落とし」という言葉も耳にするが、上昇に勢いがある銘柄は資金の小さい個人投資家だけでなく、資金量の大きい投資家や機関投資家など大口が仕掛けていることも多い。

こうした大口は上昇途中で上値が重いと感じたらいったん売りを入れて資金の小さな個人投資家をふるい落とし、そこからまた上昇させるケースがある。資金量の大きな流れに逆らった取引はうまくいかないことが多い。「誰かが動かしている」という目で相場を見ることができると景色が変わることもあるのだ。

ふるい落としのイメージ

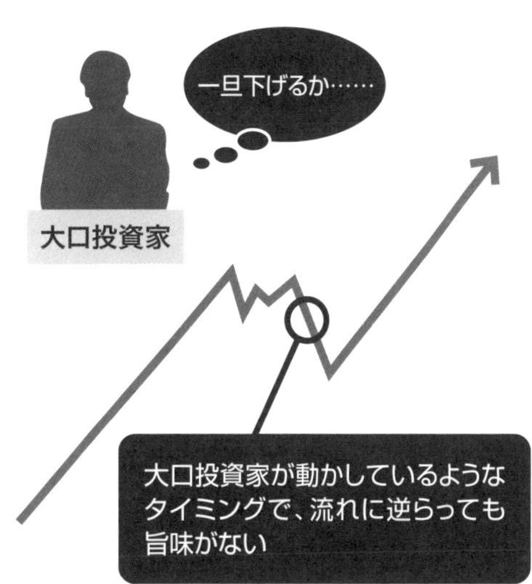

▶考え方

183

先回り投資はREITでも有効

信頼度高!! スイング

▶保有すると定期的に分配金をもらえる

優待における先回り投資は、一定の規則性に注目した手法であるため、優待銘柄だけではなく、ほかの銘柄群でも活用できる。

例えば、不動産に投資するREITや、太陽光など自然エネルギー関連施設に投資するインフラファンドなどは、保有すると定期的に分配金をもらうことができる。

この分配金を獲得するためには、権利確定日までに投資主名簿に記載されている必要がある。この仕組み上、株主優待銘柄と同様に権利確定日に向けて価格の上昇が起こる傾向にあるため、先回り投資が有効となる。

インフラファンドで分配金を狙う

日本再生可能エネルギーインフラ投資法人(9283) 週足 2019年10月~2021年4月

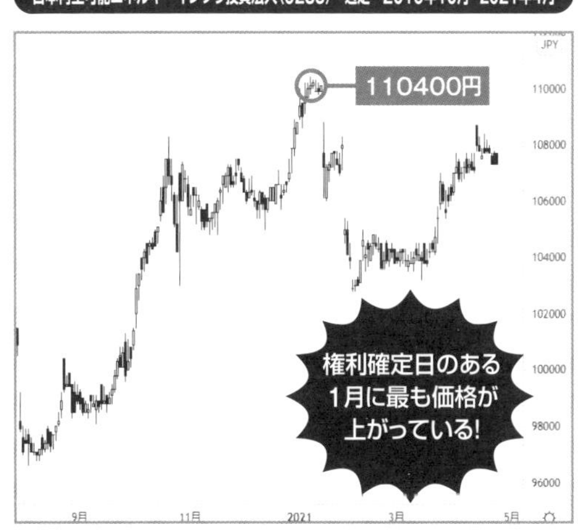

投資家の考え方

▶考え方

184

IRの注目度が高い銘柄をチェック

信頼度高!!

▶大勢の人が見ているIRは株価への影響が大きい

引け後に出る材料は翌日の値動きに影響する重要な情報。自分の持ち株や狙っている銘柄に限らず、IR情報にひと通り目を通すことで、翌日にトレードする銘柄を選ぶことができる。

ただし、材料が出た銘柄がすべて動くわけではない。重要なのは注目度で、多くの投資家が関心を持つ材料ほど株価への影響も大きい。

注目度や関心の高さを測る方法としては、日経電子版の適時開示ランキング（IR情報のアクセス数ランキング）を見ることができる。上位にあるものほど株価への影響が大きくなりやすいのだ。

適時開示ランキングでIR注目銘柄を知る

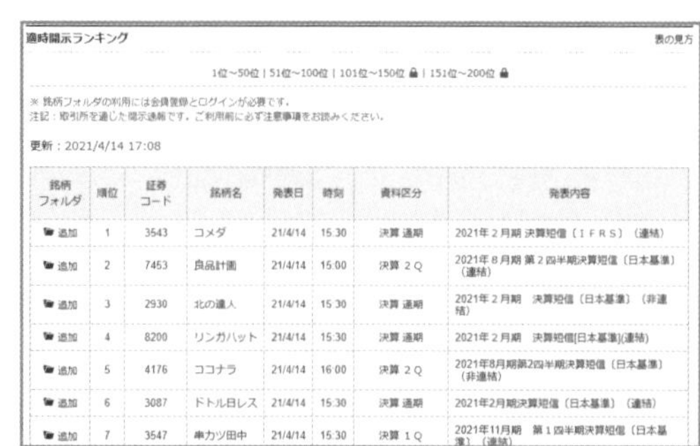

適時開示ランキング　　表の見方

1位～50位 | 51位～100位 | 101位～150位 🔒 | 151位～200位 🔒

※ 銘柄フォルダの利用には会員登録とログインが必要です。
注記：取引所を通じた開示速報です。ご利用前に必ず注意事項をお読みください。

更新：2021/4/14 17:08

銘柄フォルダ	順位	証券コード	銘柄名	発表日	時刻	資料区分	発表内容
追加	1	3543	コメダ	21/4/14	15:30	決算 通期	2021年２月期 決算短信〔ＩＦＲＳ〕（連結）
追加	2	7453	良品計画	21/4/14	15:00	決算 ２Ｑ	2021年８月期 第２四半期決算短信〔日本基準〕（連結）
追加	3	2930	北の達人	21/4/14	15:30	決算 通期	2021年２月期　決算短信〔日本基準〕（非連結）
追加	4	8200	リンガハット	21/4/14	15:30	決算 通期	2021年２月期　決算短信[日本基準](連結)
追加	5	4176	ココナラ	21/4/14	16:00	決算 ２Ｑ	2021年8月期第2四半期決算短信〔日本基準〕（非連結）
追加	6	3087	ドトル日レス	21/4/14	15:30	決算 通期	2021年2月期決算短信〔日本基準〕（連結）
追加	7	3547	串カツ田中	21/4/14	15:30	決算 １Ｑ	2021年11月期　第１四半期決算短信〔日本基準〕（連結）

日経電子版の適時開示ランキング（https://www.nikkei.com/markets/ranking/page/?bd=disclose）。アクセス数の高い順に一覧で確認できる

▶資金管理

185

ひとつの銘柄に投資する上限額を決める

信頼度高!!　期間限定

投資にとってお金は生命線。資金を失ってしまえば戦い続けることはできなくなる。

普通の株式投資などは丁半博打とは違い、一瞬でお金がと飛んでいったり、倍になったりすることはないが、どんな銘柄にも突然の急落や、最悪、破綻倒産で価値がゼロになってしまうというリスクは常にあるため、銘柄に投資する上限額を決める必要がある。

株には最低投資単位があり、細かく資金配分するのには限度があるが、一度に投資するのは投資に回す資金全体の４分の１程度、大きくても３分の１ぐらいまでにとどめておくと、一度の損失で再起不能にはなりにくくなる。

▶銘柄選び

186

騒がれているときは目線をフラットにする

デイ　スイング

一般的にストップ安銘柄などは買いで入りづらいという定説があるが、動かない銘柄や本当に入ることのできない銘柄は“話題になっていないもの”だ。

業績や材料のよい悪いで騒がれているというような状況では両方の面で注目がある状態で、むしろチャンスと考えたほうがよい。売買代金や出来高などを確認し、よい意味でも悪い意味でも、その銘柄が人気があるかどうかで判断すべきだ。

仮に２連続ストップ安でもその後、連続でストップ高になる銘柄もある。一度フラットな目線で見てみることが重要なのだ。

▶資産管理

187

1日の損失限度額を決める

信頼度高!!

▶資金の増減に対しての5%と決めておく

テクニック185と関連して、１銘柄当たりの投資上限から全体の投資額を決めたら、１日の損失で出してもよい額を決める。

おすすめは投資金全体額の５％程度。１日の損失を５％にとどめておければ仮に毎日損失を出したとしても20日間、約１カ月間は投資を続けることができる。この場合、当初の資金の５％だが、日々の増減した資金に対して５％の損失とするのがキモ。

こうすることで、資産が減った場合に、許容損失額も同時に減ることになるため、ポジションサイジングの目安とすることができる。

資金が減ると損失限度額も減る

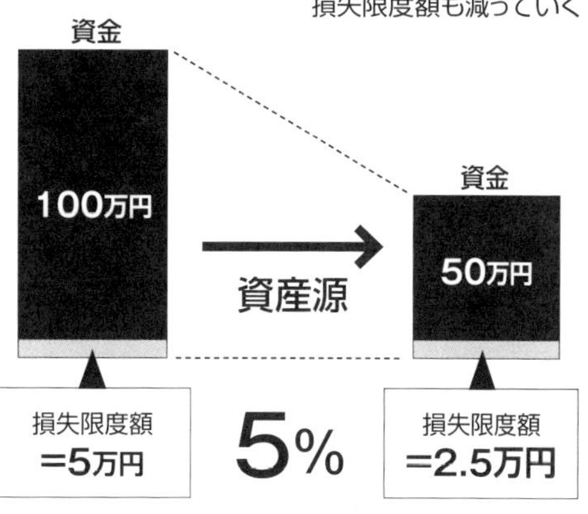

▶資産管理

188

1回の取引における損失限度額を決める

信頼度高!!

▶損失を出す取引を5回までに制限する

テクニック185、187と関連して「全体の投資額」と「１日の許容損失額」を決めたら、さらに１回の売買でやられてもいい損失限度額を決める。

１日の損失限度額は資金の５％までだが、これを守るためには、１回の売買でこの５％に到達しないように１トレード毎の損失上限を決める必要がある。

右図のように目安としては１トレードの損失を１日上限の20％に押さえ込めれば１日損失が続いても５回は売買できる。５回取引して全部負けるようなら、その日の相場には合っていないということ。そこでその日のトレードはやめておく、というルールづくりができるのだ。

1日の損失限度額を20%に設定

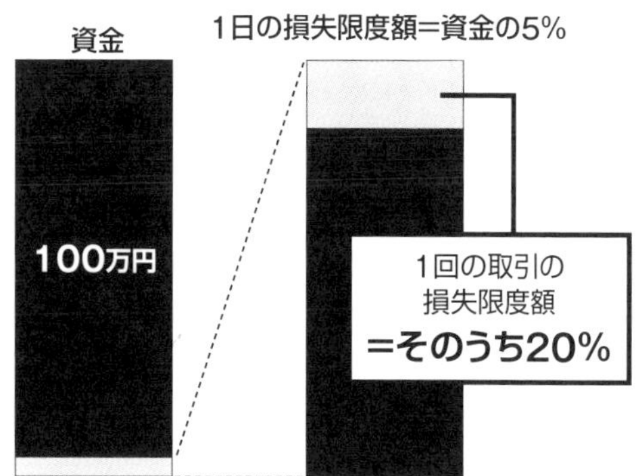

▶資産管理

189

納得できる打診買いの量を試しながら探す

信頼度高!! スイング

少しだけしか打診買いできなかった銘柄が上がっていくと、もっと買えばよかったという気持ちになる。それが原因で高値を追ってしまい、取得平均価格が上がることもある。

そのようなストレスを避けるため、打診買いのときは、買いそびれても悔しくない量を買っておくことが大事。その量は人によって異なるため、自分の気持ちと向き合いながら適量を探る。

例えば、買いたい量の４分の１を打診買いし、上がってしまって悔しければ、次は３分の１にする。

それでも悔しければ２分の１にする。いろいろ試しながら自分が納得できる分量を探り、把握しておこう。

▶資金管理

190

取れなかった利益より取れた利益に着目

信頼度高!!

いずれ買い増ししようと思っていた銘柄が、するすると上がり、買いそびれてしまうことはよくあるものだ。利益確定で売った銘柄が、その後、さらに値上がりすることもある。

そういうときに、全力で買えばよかった、売らなければよかったと考えるとストレスがたまる。まだいけるかもしれないと思って、高値で買い増ししたり、そのせいで取得平均価格が上がってしまうこともある。

そのようなミスを防ぐには、取れなかった利益ではなく、取れた利益に目を向けることが大事。安値でいくらか買えていれば利益は出ている。利確できたのであれば資産は増えている。そう考えて次のチャンスに目を向けるようにしよう。

▶資金管理

191

ナンピンを想定して打診買いする

信頼度高!! デイ

▶まずは半分買っておき残りのお金でナンピン

買いたい銘柄が値下がりしてきたときは、一気に買うのではなく、まずは打診買いしてみる。どの程度の量を買うかは個々で変わるが、例えば欲しい量の半分くらいを打診買いすると、さらに下がったときにナンピンし、買値を下げることができる。逆に上がった場合も、欲しい量の半分は安く買えているため一定の満足感が得られる。

打診買いした価格から下がったとしたら、なぜ下がっているかを確認する。地合いが悪いときはもう一段階下がる可能性があるため、ナンピンは様子見したほうがよいだろう。

打診買いから始める例

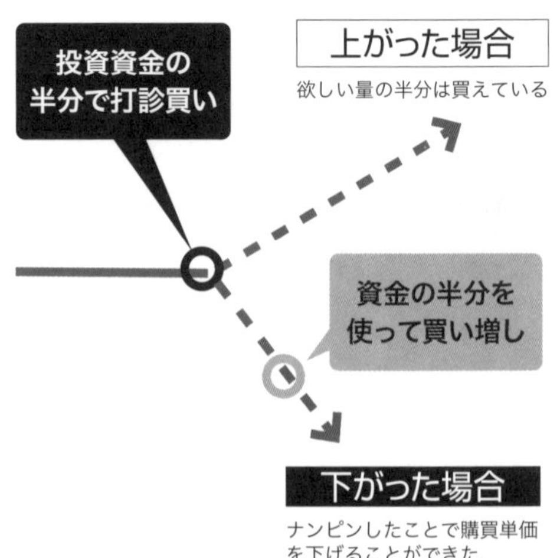

192

ピラミッティングで利益の嵩上げと強さをはかる

スイング

▶トレンドと合致していればポジションを増やしていく

資金管理の代表的な方法として「ピラミッティング」がある。

ピラミッティングの利点としては、早い段階で考えと逆に行ったときにはまだポジション枚数が小さいので損失が小さく済ませられる点。トレンド方向に伸びて利益が乗っている相場が逆に行き始めても、すぐにポジション枚数を減らすことで、利益を確保できる。

仮に買いでエントリーし、方向性が当たっていたら、ピラミッドを築くようにトレンドと同方向にどんどん枚数を増やしていこう。

その後、相場の伸びがもたつくようならすぐにポジション枚数を減らし、再度相場が伸びていくようなら、枚数を上げていくイメージ。

方向性が当たったときには、その過程で枚数を増やしているため、最大利益をかさ上げすることができ、その際、あらゆる価格帯に買い注文が絡んでいくことになるため、相場がもたつくポイントなどを肌で感じられ、強さをはかることができる。

一方、ピラミッティングは値幅の出ない相場のときには、後から増やした玉数分不利になることが多く注意が必要だ。

ピラミッティングのイメージ

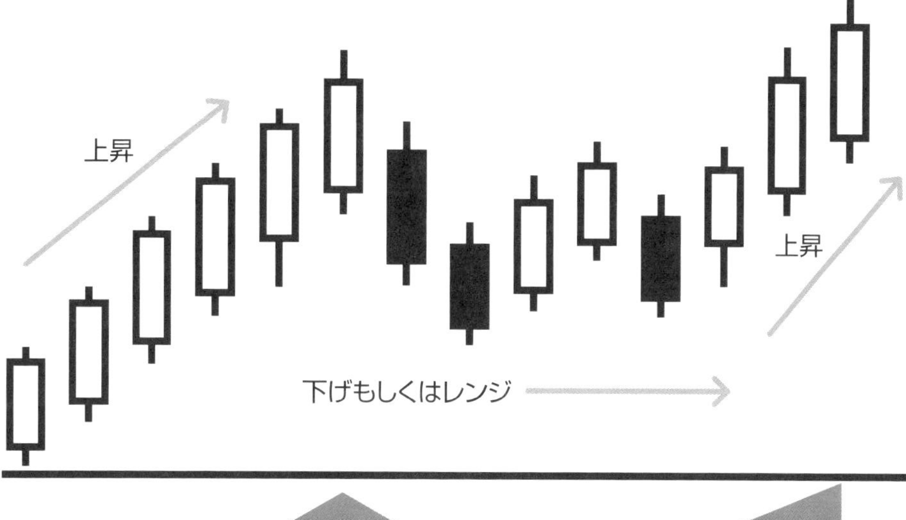

枚数を増やす期間　枚数を減らす期間　枚数を増やす期間

ピラミッティングとは、エントリー後、利益が出る方向に価格が動いた際にポジションを積み増していく方法のこと

▶考え方

193

相場にいることが重要

信頼度高!!

▶10年に一度は 誰でも儲かる相場が来る

株の短期売買を行っていると、当然長期投資に比べて取引回数も多くなるため、どうしても「今日〇〇円稼がないといけない」「今月〇〇円稼がないといけない」というような目先の収益に注目してしまいがちだ。もちろん、短期の売買において一つひとつの勝ちにこだわることや、その日に値動きがある銘柄をいかに見つけるかも重要だ。

しかし、そうした面にこだわりすぎると、トレードに適していない相場で無理に勝負を仕掛け、退場してしまう初心者も多い。

相場を俯瞰的に見ると、過去のアベノミクス相場など「買っていれば誰でも儲かる相場」が10年に一度は発生する。

重要なのは、こうした相場に切り替わったタイミングで、資産を大きく増やせるようにトレード資金を確保しておくという点だ。その意味でも、難しい相場では無理をせず、とにかく「生き残り、退場しないこと」を念頭に置く必要がある。

こだわりすぎず、
生き残ることを
一番に考えよう

▶考え方

194

事前にトレードのシナリオを準備しておく

信頼度高!!

▶想定よりも低ければ買い 高ければ様子見する

デイトレードなど短期のスパンで取引を行う場合、目先の株価の上下を追って売買の判断材料にすることはたしかに重要だ。一方、投資家のJACKさんはそれ以外にも、どれだけ株価上昇へのシナリオを考えられているかによってトレード結果が大きく左右されるという。

例えばIPOのセカンダリを狙って買う場合、JACKさんは投資対象の銘柄が上場時にどの程度の価格がつくのかを事前に想定しておく。そして、実際につく価格が想定よりも低ければ買い、高ければ様子見、規制がかかって当日中に価格が付かないのであれば、規制解除後の買いの動向を見越して当日の14～15時までに買うというように、上場後に起こりうる複数のシナリオを用意しておくのだ。

IPOに限らず、自分がトレードしようと考えている銘柄に対して、このようなシナリオを準備しておくことで、買うべき局面と様子見する局面が明確になる。

▶資金管理

195

忙しいときはポジションを持たない

信頼度高!!

▶相場、仕事、家庭に 悪循環が生まれてしまう

兼業投資家は、仕事などで忙しい時期がある。兼業・専業を問わず、家庭の用事などで忙しくなるときもあるだろう。そういうときは相場に集中しづらく、判断を誤りやすい。また、相場で損することで心理的な負担が大きくなり、日常に悪影響が出ることもある。

そのような悪いサイクルに入ってしまうのを防ぐために、忙しいときはいったん相場から離れるのがよい。スイングの場合は手じまいしたり、買いポジション・売りポジションのバランスを調整して、地合いの影響を受けにくいポーフォリオにしておこう。

一旦相場から離れてみる

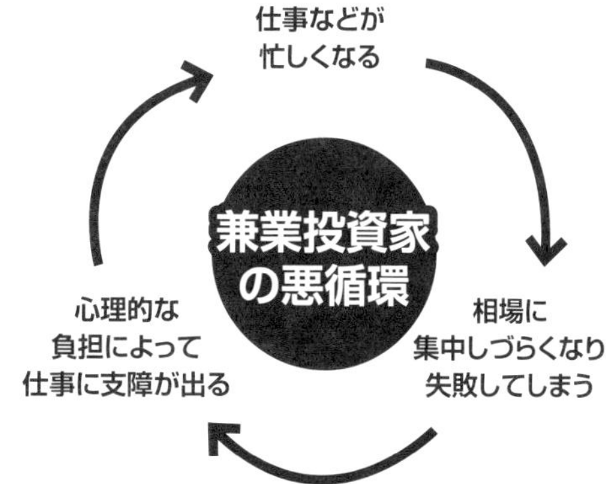

こうしたときはいったん手じまいして
相場から離れてみよう

▶資金管理

196

地合い悪ではスイングとヘッジをセットにする

信頼度高!! スイング

▶ポジションを減らすか ヘッジして資産を守る

相場で大事なのは資産を守ることだ。大きな損を避ければ生き残ることができ、生き残れば再び資産を増やすチャンスがやってくる。そこでポイントとなるのが地合いが悪いときや相場が不安定なときの立ち回り方だ。

最も避けたいのは、大きく損をすることである。そのため、地合いが悪くなってきたときはポジションをいったん外すのがよい。ポジションを閉じると利益も減るが、しばらく経てば地合いは回復する。

また、そのような地合いが悪いときにはスイングとヘッジをセットにする。個別株が下がっても資産全体は減らないよう、リスクヘッジとして日経平均株価に連動するETFや先物の売りポジションなどを検討したい。

ヘッジのイメージ

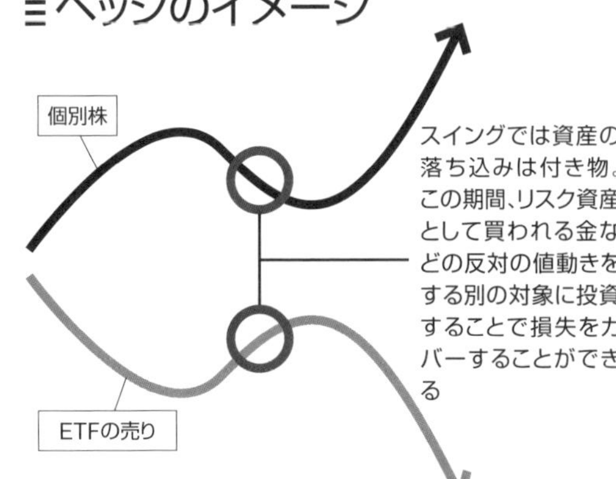

1 2 3 4 5

▶資金管理

197

幅広い銘柄に分散してリスクを軽減

信頼度高!!

▶日経平均に逆行する 金やプラチナの銘柄を見る

不足の事態に備えるには、やはりリスクヘッジが欠かせない。そのためには、投資先を絞るのではなく、1銘柄に投資する金額を抑え、金やプラチナなど含めた幅広い銘柄に少額で分散投資する必要があると投資家の伊藤さんはいう。

例えば、金上場信託（1540）のチャートを見てみると、コロナショックが直撃した2020年3月は日経平均株価と若干連動し、その後は日経平均株価と反対の動きをしていることがわかる。

つまり、日経平均株価が上がれば、金上場信託の価格は下がるということだ。

短期売買の専業トレーダーは中長期のトレーダーに比べて、一度の損失が利益に大きな影響を与える。そのため、このように企業銘柄に投資し続けるだけではなく、日経平均に逆行する金やプラチナなどの投資銘柄にも視野を広げる必要があるのだ。

日経平均に逆行する銘柄

純金上場信託（1540） 日足 2020年8月~2021年4月

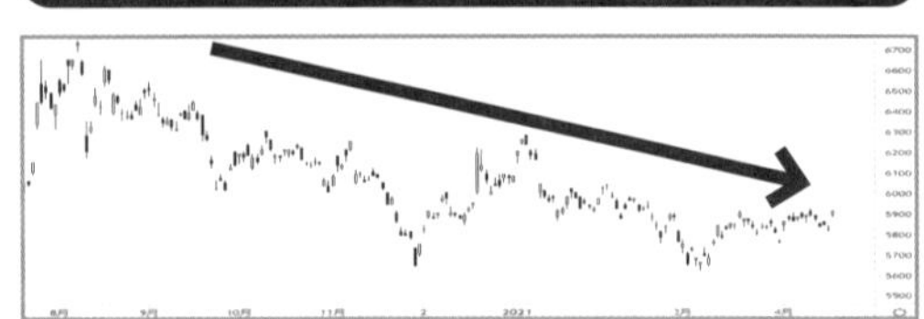

▶資金管理

198

デイトレで買った銘柄はその日に必ず決済する

信頼度高!! デイ

短期売買のメリットは、細かく売買することによって持ち越しリスクを抑えたり、相場の急変リスクを回避できることだ。そのメリットを最大化するためには、時間軸を延ばさないことが大事。

デイトレのつもりで買った銘柄を損切りできず、つい持ち越してしまう人は多い。これは損失が膨らむ大きな原因だ。持ち越すことで相場急変リスクに巻き込まれるリスクも抱えてしまう。そのため、デイトレと決めたのであれば、その日のうちに決済する。

自分のイメージと違う値動きをしたら、一度撤退して仕切り直す。短期売買では、それを当たり前にできるようになることが大事。

▶考え方

199

相場で勝っている人の思考法を学ぶ

信頼度高!!

トレードを勉強する初期段階で最も有効なのは「勝っている人」を見ることだと投資家のVさんはいう。その人の買っている銘柄をマネするのではなく、「なぜこの人はこのタイミングでこの銘柄を売買したのだろう」という視点で考えてみることで、勝つプロセスを学ぶきっかけになるからだ。

ただし、勝っている人が売買の経緯をすべて公開していることは少ないので、自分のわかる範囲でこのプロセスを逆算してみよう。勝つという結果を出せる人がどのような視点で相場を見ているのかを逆算することで、相場を俯瞰して見ることができるようになる。

▶資金管理

200

スイングは取得単価を上げない

信頼度高!! スイング

▶もっと買いたいと思っても高値追いは避ける

買い手にとって重要なのは、値上がりする可能性が高い銘柄を見つけることと、その銘柄をできる限り安く買うことだ。デイトレの場合、上昇中の株であれば、高く買っても、さらに高く売ることができる。

一方、スイングの場合は時間軸が広くなり、過熱感が抑えられるため、高値更新する頻度が下がることから高値で買うことが損につながりやすい。取得単価が上がり、儲かる可能性が小さくなり、損する可能性が大きくなるからだ。そのため、買おうと狙っている銘柄だったとしても、高値を追って買うのはなるべく避けたい。

スイングの値動き

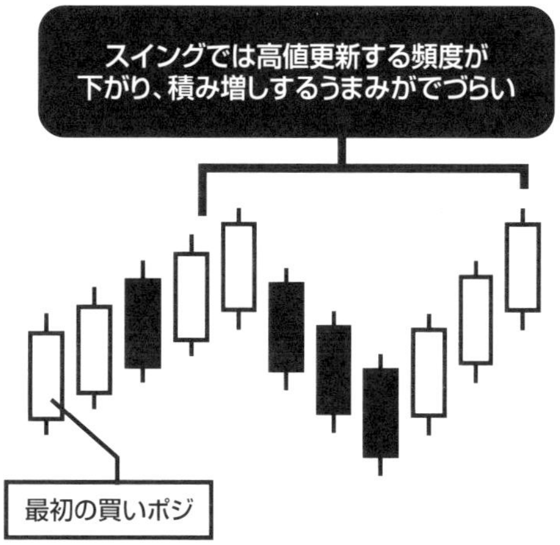

スイングでは高値更新する頻度が下がり、積み増しするうまみがでづらい

最初の買いポジ

▶メンタル

201

儲かっても同じやり方に固執しない

信頼度高!!

▶新しいものを取り入れて自分をアップデート

トレードする人にとっては、ツールも手法も新しいほうがよい。ツールの面では、例えば情報収集の手段としてツイッターを使うのが当たり前になった。「SNSは苦手だから」と食わず嫌いすると、それだけで有効な手法をひとつ放棄してしまうことになる。手法についても同じで、過去に使えた手法が通用しなくなるケースは多い。

継続的に勝っていくためには、古い手法を捨てる勇気が必要。過去のやり方に固執せず、自分をアップデートする。そういう意識を持って、新しいものを取り入れ、新しいことに挑戦していくと、結果としてトレーダー・投資家としての実力を高めることにもつながる。

手法をアップデート

投資手法にはある期間･相場にあっているからこそ結果が出るものも多い

↓

ひとつの手法にこだわらず、常に環境に併せてアップデートすることが必要

1
2

3
4
5

▶メンタル

202

不透明になったらいったん手放す

信頼度高!!

イメージ通りの値動きにならなかったり、この先どう動くのかわからないなと感じたら、いったん手放す。その判断により、予想外の値下がり・値上がりで損するリスクを抑えることができる。

手放したことで利益を逃してしまうこともあるが、迷っている状態で勝てたとしても、それは運で勝ったのと同じ。値動きで迷うということは、値動きを把握できていないということ。少なくとも、自分が考える値動きとは違う値動きになっている。その事実を認められるかどうかが大事なのだ。いったん手放し、冷静に値動きを考えた上で、買えると思ったら再び買うようにしていこう。

▶メンタル

203

運と実力を分けて考える

確率的に考えると、上がる・下がるの判断は50%の確率で当たる。ボラティリティの大きい銘柄は、オーバーシュートすることによって大きな利益が得られることもある。

重要なのは、そのような利益を得たときに、運の要素がどれくらいあったか考えることだ。運は自分の力では再現できないため、その部分は実力で得た利益とはいえない。

逆に、相場が急変するなどして損した場合も、銘柄選択や売買のタイミングなどが間違っていなければ、運で負けたから仕方ないと割り切ることができる。

大きな利益が出ると嬉しく、大きな損をすると悔しく感じるが、それよりも重要なのは、運の部分を覗いて勝てるトレードをしたかどうかである。

▶メンタル

204

売った株は監視銘柄から外す

▶売った後の値動きを見ないようにすればよい

高値・安値を完璧に当てることは不可能だ。相場には「頭と尾っぽはくれてやれ」という格言もある。ただ、そうはいっても売った株が上がると悔しいもの。ストレスを感じ、そのせいで売買判断が鈍ってしまうこともある。それを防ぐもっとも簡単な方法は、売った銘柄の値動きを見ないようにすること。監視銘柄から外せば、その後の値動きを見ずに済む。

損切りの場合も同じ。切った後に株価が戻ると悔しくなる。だから、見ないことが大事なのだ。感覚としては、昔の恋人のことを忘れるのに似ている。SNSなど見て楽しそうにしていると悔しくなる。見なければよいのである。

☰利確後は値動きを追わない

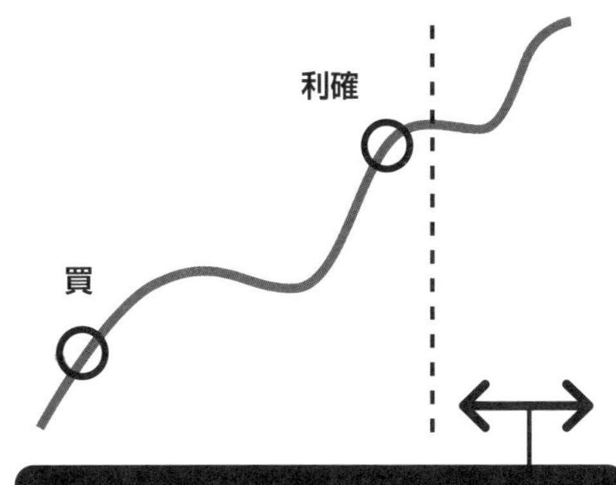

▶メンタル

205

取引記録をつけてトレードを振り返る

信頼度高!!

▶「負けトレード」をどれだけつぶせるかが利益につながる

取引記録を継続してつけることは、短期間で成果が出るテクニックではないが、長いスパンで見ると利益につながる。特に「負けた取引」を記録し、あとで振り返ると今後のトレードでそうしたミスをしづらくなる。

右の図のように、取引内容とその状況を記録しておくと、あとで振り返る際に有効だ。また、可能であればその際のチャート画像などをキャプチャしておくと状況をイメージしやすくなる。

ただし、優先すべきは「継続すること」なので、簡単で効果的なやり方を見つけるとよい。

☰取引内容と状況を記録する

日付	2021年3月24日
取引銘柄	日本電子（6951）
取引数量	200株
買い付け価格	4040円
決済価格	4070円
備考	ローソク足が25日移動平均線を上回ったのを確認してからエントリーできた

日本電子(6951)　日足　2021年3月～4月

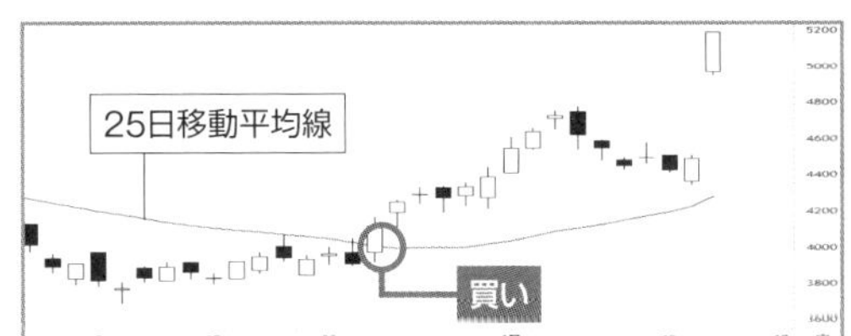

投資家の考え方

▶メンタル

206

負けた原因を明確にして冷静な目で振り返る

信頼度高!!

トレードで負けるときは理由がある。例えば、損切りが遅かったり、買うタイミングが早かったのかもしれないし、銘柄選択や、買ったときの地合いに問題があったのかもしれない。

重要なのは、その理由を突き止めることだ。負けたトレードを振り返り、いつ、何で負けたのかを明確にする。例えば、地合いが悪く、値動きが読みづらい相場でトレードしているとわかれば、次からは同じミスを繰り返さなくなる。また、負けが続いて手持ちの銘柄が含み損となっている場合は、いったんすべて手放すのも有効な方法。

収支をプラマイゼロにすることで、冷静な目で自分のトレードを振り返ることができ、新たな気分で相場と向き合いやすくなる。

▶考え方

207

売買代金上位は新規メンバーに注目

デイ　スイング

投資家の立野さんがほぼ毎日確認しているのが、Yahoo! ファイナンスの各市場の「売買代金上位」ランキングだ。

これは、その日に取引される売買代金の合計が多い銘柄を取引市場ごとに表示したもので、特にマザーズやJASDAQは多少変動があれど、上位にランクインする銘柄はほとんど変わらないのだという。

そこにこれまで入ってこなかった銘柄がランクインした場合、市場の注目度が高まっていると考えられる。そのため監視リストに入れたり、初動をチェックしたりして銘柄選定の参考にすることができる。

▶メンタル

208

自分が勝ちやすい条件を把握する

▶苦手な相場のときはトレードしないことを決める

投資家にはそれぞれ得手・不得手なトレードがある。例えば、人気株の順張りトレードが得意な人がいれば、急落株の逆張りが得意な人もいる。

重要なのは、自分が得意なトレードを生かし、不得意なトレードを避けることだ。そのために、自分が過去にどんなときに勝ったのか振り返る。得意な地合い、銘柄などを把握することが、勝率アップのヒントになるだろう。

苦手な状況だと感じた場合は、トレードせず、回数や金額を減らすといった対策をしておく。新規ポジションをもたない、信用口座で買わないといったルールを決めておくこともリスク対策になる。

自分の得意な相場が来るまでしっかり「待つ」こともトレードのうち。メリハリをつけることで利益にもつながりやすくなる。

苦手な相場で
無理に
エントリーする
必要は一切ない

▶メンタル

209

気づいたことをメモする

信頼度高!!

▶書いておけば忘れない 成長のヒントになることも

人は忘れやすい生き物だ。ミスしたり損した場合も、そのときは反省するかもしれないが、やがて忘れてしまい、同じことを繰り返してしまう。それを防ぐにはメモを残すことが大事。

例えば自分なりのトレードのルール決めたら、それをメモなどに書き、目に入るところに貼っておく。また、トレードを通じて考えたことや、自分の性格について気づいたことなどもメモしておく。自分がどんなときに無理なトレードをしたか、どんな結果に悔しいと思ったかなどを書いておき、あとで定期的に見直す。トレードに必勝法はなく、小さな進歩を重ねていくことが大きな勝ちにつながる。小さな気づきを書き留めておくことが重要だ。

メモの例

▶メンタル

210

3勝2敗でも大健闘と捉える

信頼度高!!

▶一度の負けを引きずらず 心の余裕を持つ

自分の投資成績を振り返る際、損失の金額にもよるが、「投資結果」と「投資した金額のトータル」でその投資の効率性を見る必要があると投資家の伊藤さんはいう。

例えば、5銘柄に投資したとき、3勝2敗であっても、トータルで見れば「勝ち越し」となるため、2敗に対して過度にダメージを受けてはならないのだ。

「しまった、あのとき売らなきゃよかった」といって考え込むのではなく、「よし、もういいから次行こう」といって気持ちの切り替えができなければ、いつまでも心の余裕が持てず、苦しくなってしまう。

特に現在のような、日経平均株価が高止まりの相場では、全部勝とうという気持ちで、投資をするのではなく「3勝2敗で上出来」と考えて、的確な売買判断ができる心理状態を維持していこう。

▸メンタル

211

自分の買値を気にしない

▶今の株価に集中して相場と同じ視点に立つ

ポジションを持ったときに、自分の買値・売値を気にする人は多い。そこが損益分岐点となるため、当然ともいえるが、実は気にしてもあまり意味がない。相場参加者は他人の買値・売値を知らず、知ろうともしていない。相場参加者が気にしているのは、今の株価と、株価がどう動くかである。その視点に合わせるために、今とこれからの株価に意識を向けることが大事。

例えば、100円で買った株が105円になったとしたら、5円上がっていることではなく、105円からどう動くか考える。95円になったとしたら、100円に戻るかどうかを考えず、95円からどう動くか、その時点の株価視点で考えるようにしよう。

☰相場はあなたのポジションを気にしない

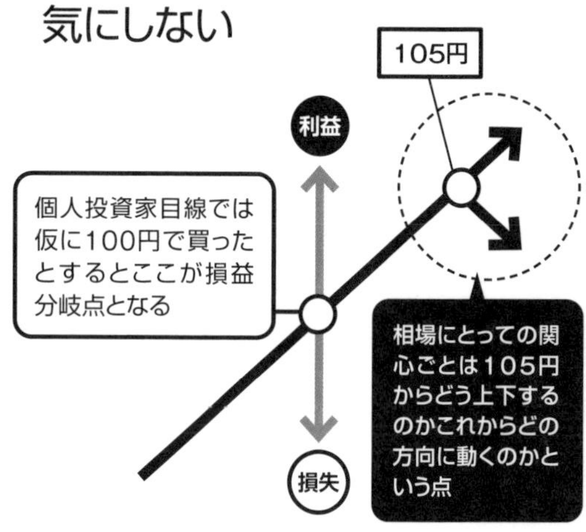

▸メンタル

212

含み益を気にすると判断が鈍る

信頼度高!!

▶含み益を気にすると売買判断が鈍る

含み益は幻という表現にもあるように、利益は確定してこそ利益であり、含み益は途中経過にすぎない。そのため、含み益があったほうが精神的に楽だとしても、現状としていくら得しているかはあまり考えないほうがよい。むしろ含み益を気にしすぎることが売買判断を誤らせることもある。

例えば、まだ株価上昇が見込める状態であるにもかかわらず、利益ほしさに安価で売ってしまうようなケースだ。重要なのは、今の株価がこれからどう動くかを考えること。相場参加者は他人の含み益がいくらなのか知らない。つい含み益が気になってしまう人は、思い切ってモニターにそれらを表示しないようにするのもひとつの手だ。

☰含み益は気にしない

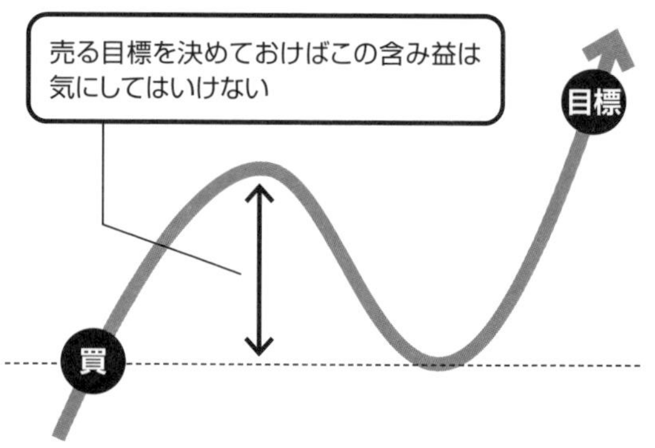

▶メンタル

213

含み益の持ち越しでメンタルを調整

信頼度高!!

▶翌年の1月に持ち越して年初めをスムーズに迎える

確定申告の関係で、基本的に年間の投資成績は1月～12月の間で判断することになる。その関係で、年を明けた1月がその年度のスタートということもあり、以降のトレードに悪影響を避けるためにも、1月～2月のトレードは心理的に慎重になりがちだ。

そこで、投資家のJACKさんは仮に前年の12月が含み益になっている場合、あえて当月に確定させず、翌年の1月に持ち越すことが多いという。こうすることで、1月の投資成績をプラスで確定させ、ポジティブにその年のトレードをスタートさせる効果があるのだ。

また、これは、月・週単位でも応用できる。なお、持ち越しリスクの対策として、空売りなどを併用するのもよい。

翌年1月に余裕を持ってスタートを切る

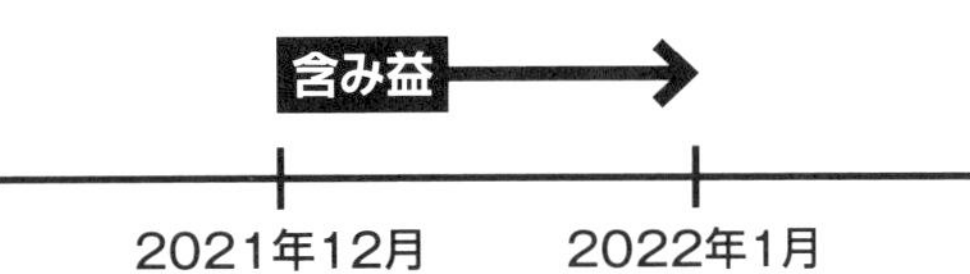

含み益を持ち越したことでよりよいスタートが切れる

▶アノマリー

214

長期の気象予報で測る売買タイミング

▶当該季節の前に仕込むタイミングを見極める

「麦わら帽子は冬に買え」のように、季節性のある、いわゆるシーズンストック関連銘柄は、その季節の前に買うのがよい。

しかし、猛暑関連銘柄を仕込んでおいて、猛暑が来ずに、冷夏であれば空振りどころが、逆に大幅下落の可能性がある。この猛暑関連銘柄の絶好の買いタイミングは、気象庁の長期の気象予報が公表されるときだ。3カ月予想は、毎月21日（平日の場合）の14時に発表される。

したがって、例えば4月21日の14時の発表では、5月～7月の長期予報が発表される。ここで、猛暑予想であれば、夜のニュース番組や、翌日の新聞で取り上げられ、翌日は猛暑関連銘柄が値上がりすることが多い。21日の14時なら、15時の大引けの前なので、先回り買いが可能だ。

気象庁の3か月予想で変動を予測する

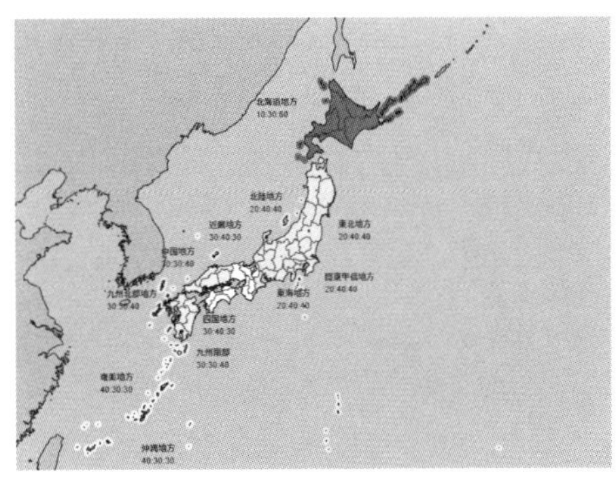

http://www.jma.go.jp/jp/longfcst/000_1_10.html

▶考え方

215

売り圧を判断するためにファンダを見る

信頼度高!! デイ

▶ファンダで成長株と確認したら売りどきを早める

短期売買においてVさんはファンダ（ファンダメンタルズ）はほぼ見ないが、売り圧を判断するために参考にすることがあるという。

仕手株と呼ばれる銘柄では参加者がほぼマネーゲーマーであるため、仕手筋が買い集める初期の上昇と過熱した段階でしか売りが入ってこなく、極端なチャートになる。

一方、優良株と呼ばれるような業績を伴う銘柄は成長目的で保有する参加者が多く、マネーゲームで上昇した時点で一旦利確する動きになりやすい。

さらに短期でマネーゲームをしている参加者の売りもあり、仕手株よりも売り圧力が強くなりやすい。こうした理由から、投資家のVさんはファンダを確認して成長株であれば、売りどきを早めるなどの意識をしているという。

≡成長株は売りを早める

成長株
短期も、中長期も売りが集中して売り圧力が高まる

売りを早めることを意識

1 2 3 4 5

▶考え方

216

おすすめされた銘柄は安易に買わない

デイ スイング

▶なぜ勧められると判断したのかを学ぶ

テクニック147でも触れたが、Twitterや雑誌、直接人づてなどさまざまだが、株投資において「おすすめ銘柄」を目にすることはよくある。こうした情報自体は否定しないが、仮に売買をするならば「自分のフィルターを通すこと」が重要だと投資家のVさんはいう。

純粋に他意なく勧められた銘柄であっても、教えてくれた人のルールに沿って「上がる」と判断されているため、もしその銘柄で利益が出てもあなたの経験値にはならない。重要なのは、なぜ教えてくれた人は勧められるほどの銘柄と判断したのかや、本当に自分の判断基準に照らし合わせてもよい銘柄だと判断できるのかを考えることだ。セミナーは、他人の判断基準を学んだり、自分の判断力を養ったりする場所だという考え方を忘れずに持っておこう。

≡おすすめ銘柄は安易に買ってはいけない

仕手株

多額の資金をもつ少数の投資家たちが大量の売買を行うことによって、株価の急騰・急落が意図的に起こる銘柄のこと。

▶メンタル

217

生活にルーティンを設ける

デイ

▶シンプルに相場に向かえる環境をつくる

寄り付きからの１時間は短期売買において最も収益に関わる時間帯。それぞれでやり方は異なるが、勝ち続ける短期投資家はこの時間に向けて集中力を発揮できる環境を整えている。

例えば投資家の立野さんは、ポジションがなくとも、８時には起床し、前日のダウや欧州の指標、日経の終値の確認を終えたら、８時15分からの日経CNBCを見ながらざっとその日のトピックを探し、気になるものがあれば深堀りというルーティンを続けている。

また、食事に関してもルーティンを決めていることも多く、例えば立野さんはシリアルなどの常備食、投資家のVさんに関しては食事によって反応が遅れるのを防ぐため、起床後はアップルジュースを飲み、朝食を抜いて相場に臨むそうだ。さらに前場終了の時点で負けている場合、昼食は抜き、勝っている場合でも少ししか昼食を取らずに夜に１食という生活を続けている。こうした方法から、可能な限りシンプルに相場に向かえる環境を整えよう。

▶メンタル

218

環境を変えて負の連鎖を断ち切る

信頼度高!!

▶長期に移行できる資金を確保しておく

短期投資の心理的負担は、中長期投資に比べるとはるかに大きいだろうと投資家の伊藤さんはいう。

例えば、2020年のコロナ禍では株価の大幅な下落が見られた。このようなときは、心の余裕が持てないと、勝てる投資も勝てなくなってしまう。

ここで、伊藤さんが提案するのは、「短期に徹しながらも、短期がダメになったら長期に移行できるよう資金を残しておく」という方法だ。

環境を切り替え、整えることで、負の連鎖を断ち切ることにつながる。

トレード技術に自信があったとしても、相場が思わしくない場合は「短期で１日１万円稼いだら、その日は短期投資から離れる」などのように稼ぐ上限を決めて、心と資金の余裕を確保しよう。

日経CNBC

24時間ノンストップ経済チャンネル。日本経済新聞とNBCが情報源となり、世界のマーケット・経済情報をリアルタイムで伝えている。

▶考え方

219

「アノマリー」と需給要因から的確な戦略を練る

信頼度高!!

▶需給的な背景が株価に相場に影響する

合理的な理由がわからないが法則性があるものを「アノマリー」という。有名な投資格言である「セルインメイ」は、需給的な背景が想像できることが多い。最近では日経平均の月末安がアノマリー通りになっており、2020年9月から2021年の4月の間で8回も連続して起こっている。米株では6月の勝率がビリ、1993年から2021年現在までの平均で6・8・9月がマイナスという調査結果が出ている。その背景としては米系ヘッジファンドの決算が5・6月に多く、決算前に売りが出て下がりやすく、そこから夏休みに入るため買いが入りにくいことが考えられている。

こうした需給要因は時期が決まったものなので、繰り返すことが多い。月末安にもリバランスなどの需給要因があれば繰り返すことが予想されるため、月末にかけて売っておくという戦略が立てられる。

▶メンタル

220

固定概念を捨てて臨む

スイング

▶教科書どおり相場が動くとは限らない

投資がむずかしいのは、初心者向けの投資本などで紹介されている知識を学んでも、そのまま相場に当てはめて利益につながりづらいからだ。利益を出すためには一度基礎的な知識を学んだうえで、固定概念を外して相場を見ることが必要である。

例えば、チャートツールや教科書では移動平均線のパラメーターとして5日、25日などが採用されることが多い。しかし、だからといってチャート上で価格がこれらの線に近づくと必ず反発したり、ゴールデンクロスすれば上昇トレンドが必ず発生するわけではない。「新高値が強い」なども同じで、実際の相場では新安値を更新した銘柄がその後大きく上昇することも多々ある。

重要なのは、これらの定説を根拠にエントリーした人の立場から一歩引いて相場を観察することだ。

▶考え方

221

相場を俯瞰して市場心理を客観視する

信頼度高!!

▶主観的な分析だけに頼らない

投資家のVさんが投資するうえで重要視しているのが、市場参加者の心理だ。明確に発表されているわけではないが、ある程度時価総額のある銘柄であれば、ほとんどの場合、相場を動かすのは大口の投資家。この大口投資家に資金の少ない個人投資家がいくら数を揃えても、相場は基本的には大口投資家がつくろうとしている方向に動く。

この原則を理解せずなんとなく売買していると、その他大勢の個人投資家と同様に、大口投資家が意図的につくり出した売り場に群がってしまい、含み損発生からのナンピン、そして損切りというコースを辿ってしまう。

自分は冷静だと思っていても、気がつかないうちにほかの誰かが利益を出すためのダシにされているというのは、短期投資においては日常茶飯事。そうならないために、大口がここから相場をつくるためにはどこまで下げるのか、個人投資家が高値掴みをして最も嫌がるポイントはどこなのかなど、主観的な分析以外に相場を俯瞰して市場参加者の心理を探ることが重要になる。

▶考え方

222

システムトレードのロジックを活用する

信頼度高!!

▶本来のトレンドは寄付き注文をこなした後に出る

「オープニングレンジ・ブレイクアウト」というアメリカの有名投資家ラリー・ウィリアムズなども使っている手法を紹介する。これはシステムトレードで使われるロジックとして知られており、短期売買でも応用できる。

寄り付き９時～９時30分は５分足チャートでじっと相場を見ておく。前日の残り注文も出るし、寄り付きで自動的に出す注文もあり、トレンドが出にくいからだ。この30分間の高値安値をレンジとし、そのレンジを上回ってきたら買い、下回ってきたら売りと判断する。

本来のトレンドは寄付きの注文をこなした後に出る。レンジブレイクしたほうには順張りでついていく。その際、15分足で終値がレンジをブレイクしたときに入るとよい。つまり、エントリーは一番早くて９時45分となる。このとき、一瞬上回っただけではひげになることがあるため、しっかり上回ることが大切だ。

寄り付き後の動き方

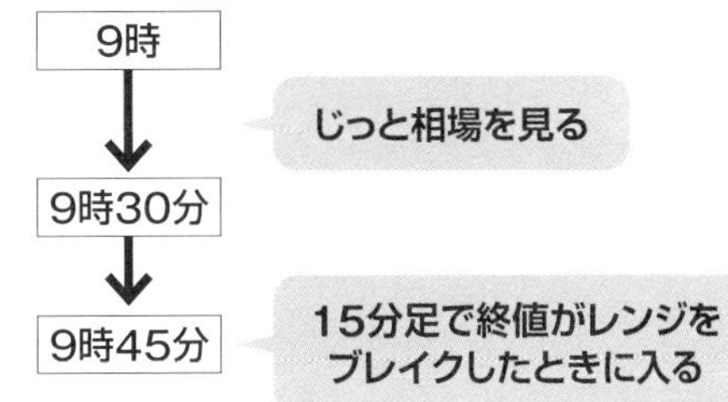

投資家の考え方

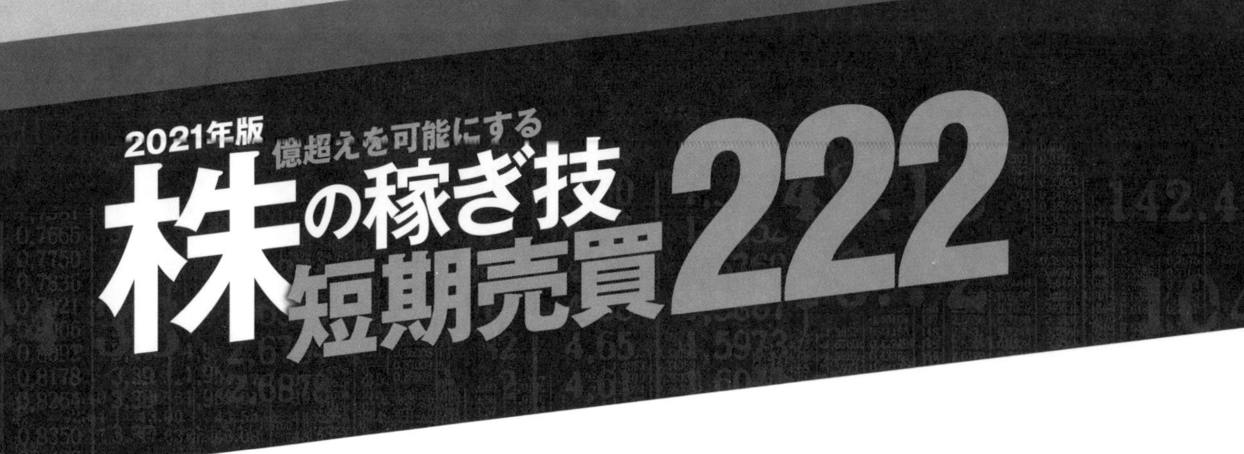

2021年6月20日　発行

Editor	佐藤太一・半田明日香（株式会社ループスプロダクション）
Writer	叶内文子・中野佑也
Design	ili_Design
DTP	竹崎真弓（株式会社ループスプロダクション）
Illustration	伊藤キイチ
協力	伊藤亮太・JACK・V_VROOM・立野新治・藤本誠之 小池麻千子・戸松信博
発行人	佐藤孔建
編集人	梅村俊広
発行・発売	スタンダーズ株式会社 〒160-0008 東京都新宿区四谷三栄町12-4 竹田ビル3F TEL：03-6380-6132
印刷所	三松堂株式会社

ライター・編集者募集!!

株・FXを中心とした金融関連の誌面を作成していただける外部スタッフを募集します。これまでの実績などと併せて下記までご連絡ください。

あて先

〒160-0008
東京都新宿区四谷三栄町12-4
竹田ビル3F
スタンダーズ株式会社
『スタッフ募集係』まで

メールでも募集しています

info@standards.co.jp

●本書の内容についてのお問い合わせは、下記メールアドレスにて、書名、ページ数とどこの箇所かを明記の上、ご連絡ください。ご質問の内容によってはお答えできないものや返答に時間がかかってしまうものもあります。予めご了承ください。

●本書の内容を超えるご質問、さらにお電話でのご質問には一切お答えできませんので、予めご了承ください。

e-mail：info@standards.co.jp

●落丁本、乱丁本など不良品については、小社営業部（TEL：03-6380-6132）までお願いします。

! 必ずお読みください

株式投資はリスクを伴います。本書で解説している内容は、個人投資家やアナリストの方々が使う手法・知識をテクニックとして収録したものですが、投資において絶対はありません。
製作、販売、および著者は投資の結果によるその正確性、完全性に関する責任を負いません。
実際の投資はご自身の責任でご判断ください。